谷口将紀　宍戸常寿　著

デジタル・デモクラシーがやってくる！

AIが私たちの社会を変えるんだったら、政治もそのままってわけにはいかないんじゃない？

中央公論新社

はじまり～政治学者たにぐちの独白～

なぜ政治はこんなに遅れている？

はじめまして。たにぐち、ともうします。大学で政治学、もう少しキチッというと現代日本政治を教えています。しばらく前口上にお付き合いのほどをお願いいたします。

学者の仕事を、「究めること」と「広めること」、と書いた作家がいました[1]。巧《うま》いことを言うものです。大学教授、と呼ばれる人たちの中には、か

たにぐちサン&シシドさんによる「副音声」

1 井上ひさし『兄おとうと』新潮社、二〇〇三年。ちなみに、井上さんがこのセリフを言わせた主は、吉野作造。おそらく、いちばん教科書に載っている政治学者です。

って研究に没頭するあまり、戦争が終わったことをしばらく知らなかった人もいたとかいないとか。逆に、いつ研究をしているのだろうと不思議に感じられるくらい、毎日のようにマスメディアに出ている人もいます。

これらは両極端で、世の中の大学教授のほとんどは、二つの中間でしょう。私もそうです。ただ、文献を読んだり、データを分析したり、そして学術的な本や論文を書いたり、という研究活動に軸足を置きながらも、現代日本という、今、この場所で起きている政治を論じる学問という仕事柄、社会に向けて発信したり、政治家や経営者、各種団体の関係者、言論人などとお会いしたりする機会は多いほうかもしれません。

政治家や政治報道に携わっている人はともかく、政治に関心を持たれる経営者や各種団体の方々は、多くの場合、本業で成功を収めて、今度はもっと広く社会に貢献しようと考えています。ところが、彼らが政治に関わり始めたとき、まず感じること、そして私のような政治学者にこぼされること。それは、どうして政治はこんなに遅れているんだ？

という不満。ビジネスの世界は先んずれば人を制す、トップリーダーの即断即決でどんどん仕事が進む。これに対して、政治はいつまでたってもああでもない、こうでもないと小田原評定を続けていて何事も決まらない。そもそも政府の審議会に行くと、紙に印刷した大量の資料が配られて、会合は順番に一人一回ずつ発言するだけで時間切れ、次回全員が集まれるのは一か月後、などと時代遅れな運営がいまだに続いている。そんな旧態依然としたビジネスをやっていたら、たちまちにして経営破綻です。センセ、現代日本政治を研究しているのでしょう、何とかならないのですか――とおっしゃるのです。

これは、一人や二人でなく、ほんとうに何度となく受けた質問です。そのたびに、どうして自分が政治家を弁護しなければいかんのだ、と思いつつも、「民主主義とは最悪の統治形態である。これまでの歴史で試みられてきた他の形態を除いては」というチャーチルの言葉を引いたりしながら、民主主義というのはビジネスと違い、本来時間を掛けるからこそ良いものになるのです、などと説明をします。

すると、皆さん大人ですから「ふうん」と場を収めてくれますが、その表情には納得していない様子がありありです。なぜなら、彼らは民主主義を否定したいのではなく、日本の政治のあり方を問題視しているのですから。例えば、重要法案というのなら、どうして毎日国会で審議しないのか、国会には会期があり、委員会には定例日が決められていることは知っているけれども、今なら東京―大阪間は二時間半も掛からない、リニア中央新幹線が開通すれば一時間強で行けるようになる、それどころか、地球の裏側でも手軽にテレビ会議をできる時代に、汽車に乗って半日、一日仕事であった頃の制度を続ける必然性があるのか、と聞かれると、なかなか答えに窮します。

それは「革命」になるか？

第四次産業革命――これまでとは比較にならないほど偏在化しモバイル

化したインターネット、小型化し強力になったセンサーの低価格化、人工知能（AI）、機械学習などによって特徴づけられる[2]――などの名で呼ばれる技術革新とはいかなるものか、そして社会や経済にどのようなインパクトをもたらすかについて書かれた本は、書店に山積みされています。今、私たちが就いている職業は遠からず機械に取って代わられてしまうかもしれない、という不安もありますが、自動運転とかスマート家電とか、暮らしが便利になりそうで、将来が待ち遠しい面もあります。

ところが、第四次産業革命が政治をどのように変化させるか、という本は、ほとんど見当たりません。[3] たしかに、電子政府という言葉はしばしば耳にしますし、本や記事もときどき見られます。二〇一九年には行政手続きを原則、電子申請に統一するデジタルファースト法が成立しました。引っ越しをしたときの電気やガスの契約変更、親族が亡くなったときの相続手続きなど、あの信じがたいほど複雑な手続きがインターネット上で済むようになるのは歓迎です。エストニアのように、健康保険証、運転免許証、住民票、投票用紙などの公的サービスにとどまらず、銀行カード、定期券、

2　クラウス・シュワブ、世界経済フォーラム訳『第四次産業革命　ダボス会議が予測する未来』日本経済新聞出版社、二〇一六年。

3　日本語で書かれた例外の一つとしては、山本龍彦編『AIと憲法』日本経済新聞出版社、二〇一八年が挙げられます。

処方箋、契約書、果ては学校の卒業証明書などの民間サービスまで、一枚のＩＤカードで済むようになった国もあります。[4]

政治（ポリティクス）と技術（テクノロジー）をもじって、「ポリテック」を推進しようという政治家も出てきました。彼らの話に、しばしば挙げられる例を二つ。一つは、高齢者介護の現場で、センサーや介護ロボットを導入することで、業務の効率改善に成功した施設のケース。もう一つは役所内にブースを設け、スカイプで「議員レク」を済ませることで、官僚の働き方改革に一役買おうとした事例。[5]

どちらの事例も素晴らしい試みです。昔、ある省の審議会委員をしていたときに、[6]国会議員にエクセル形式で作った帳簿の提出を義務付けようとしたところ、メールすら使っていない[7]議員事務所もあるからＮＧと言われ、辟易《へきえき》したことがあります。それと比べれば、このように進取の精神に富んだ議員が多数出てきたことは、頼もしいことです。

ただ、たしかに法制度の見直しなど政治の出番も少なくはないのですが、第四次産業革命を政治が主導するというのは、革命と言いながらも宮廷革

---

4 e-Governance Academy編著、三菱ＵＦＪリサーチ&コンサルティング監訳、山田美明／杉田真／芝瑞紀訳『e-エストニア　デジタル・ガバナンスの最前線』日経ＢＰ、二〇一九年。また、エンタープライズエストニアの山口功作・日本支局長によれば、同国では結婚・離婚と不動産売買を除くすべてのサービスを電子的にできるとのこと。

5 試行に過ぎず、ビジネスの世界からは「今さら」の声もあるようですが……。

6 総務省政治資金適正化委員会。

7 別に、通信の秘密が保証されないから、などとい

命[8]にとどまるような違和感があります。現在起きつつある第四次産業革命とはもっと根源的な、それを推し進めようとしている政治家の存在自体を揺るがすような大変革ではないでしょうか。この際、どうして政治はこんなに遅れているんだ、という経営者の問いかけをいなすばかりではなく、一度真正面から受け止めて考えてみようと思い立ちました。

テクノロジーが前提なら、別の選択肢がある（かも）

「変わるメディア、変わる政治」という国際共同研究プロジェクトをしたことがあります。かつて活版印刷、電信、ラジオ、テレビというメディアの発達が政治のあり方を変えてきたように、現在の衛星放送、ケーブルテレビ、インターネットという変化も、政治の態様を変える、というものでした。[9]

例えば、ルターが「九五箇条の論題」を書いたり、聖書をドイツ語に翻訳したりしても、活版印刷の技術がなければ、ルターの主張が人びとに広がり、プロテスタントは成立しなかった（あるいは別の形になった）でしょう。

う確信犯ではなく、たんに使い方をよく知らないそうで。

8　支配されていた人びとが支配層をひっくり返すのではなく、支配層内部で執政者が（しばしば円滑ではないやり方で）変わること。

9　サミュエル＝ポプキン／蒲島郁夫／谷口将紀編『メディアが変える政治〈政治空間の変容と政策革新5〉』東京大学出版会、二〇〇八年。

ょう。

時代は下り、衛星放送やケーブルテレビの普及に応じて、テレビ局、番組は多様化しました。人びとが伝統的なニュース番組に限らず、娯楽の要素を含み、視聴者の感情に訴えかけ、ドラマ性のある話題やセンセーショナルな演出などが特徴的な「ソフトニュース」と呼ばれる番組を通じて政治的情報に接するようになると、例えばアメリカ大統領が一般教書演説[10]で、プロスポーツ選手のステロイド乱用に言及するようになりました。スポーツメディアを通じて、人びとの関心を引こうとしたのです。

日本でも、首相が俳優やタレントと会食する様子をSNSにあげたり、吉本新喜劇に出たり、首相自身を含めて政府・与党幹部の誰かはテレジェニックな人を起用したりするようになりました。

第四次産業革命は、さらに根本から、政治のあり方を変えるでしょう。

そもそも議会は、国王が軍資金を集めるため、全国各地の貴族や聖職者、

10　日本で言えば、内閣総理大臣の施政方針演説といったところ。

都市の市民代表などを招集したのが一つの起源とされています。[11]当時はインターネットや電話はおろか、郵便すら満足にありませんでしたから、全員が都に集まって、羽交い絞めにしてでも王様がやたらと税金をかけるのを止める必要があったわけです。しかし今は、国家予算をはるかに超える金額の商取引が、日々電子的に行われています。

政党は、気が合う、合わないといった人間関係の要素を含みながらも、イギリスならばカトリックの国王を良しとするかしないか、転じて、王権を尊重するか、それとも議会の権力を重視するか、アメリカならば連邦政府の強大化に賛成か反対か、といった原理原則をめぐる対立から発生しています。[12]今日でも、新自由主義対社会民主主義、大きな政府対小さな政府などという原理原則の違いがあり、私たちは個別の議案や法案を見なくても、こうした原理原則が自分と近い政党に政治を委ねれば、彼らは自分の意見に沿った選択をしてくれると期待できます。

しかし、今は多品種少量生産、見つくろいの定食ではなくアラカルトの時代です。政治も同じで、人は十人十色、一〇個議案があれば賛否のパタ

11　向大野新治『議会学』吉田書店、二〇一八年。

12　待鳥聡史『民主主義にとっては政党とは何か——対立軸なき時代を考える』ミネルヴァ書房、二〇一八年。

ーンは二の十乗とおりあって、政党政治はきめ細やかに対応することが求められるようになるかもしれません。

このように議会も政党も、今のテクノロジーを前提にすれば、もっと違った形になっていたかもしれない、と想像をめぐらせることができます。もちろん、私たちの身の回りには、経路依存といって、今となっては意味をなさない過去の決定が、現在のあり方を制約している側面がたくさんあります。例えば、今、この原稿を作成しているキーボードは、ごく一般的に使用されている、QWERTYと呼ばれる配列になっています。タイピングの効率性という観点からは別の配列にしたほうが良いとも言われていますが、昔からみんなが使っているから、という理由で現在までQWERTY配列のキーボードが圧倒的シェアを占めています。しかし、技術革新を前提にすれば、現行制度とは別の選択肢が有力になり、突然変異や社会・経済など他のシステムとの乖離がはなはだしくなることによって、その選択肢に乗り換えるときが来る可能性も皆無ではないでしょう。

本書で考える三つの側面

それでは、第四次産業革命は民主政治をどのように変えるのか。本書では、大きく分けて三つの側面を考えてみたいと思います。

一つめは、

政治に関する情報流通の変化

を考察することです。

従来、政党や政治家が人びとに情報を発信するときには、新聞やテレビをはじめとするマスメディアがゲートキーパー（門番）になって、何を人びとに伝えるか、伝えないかを決定していました。ところがインターネットが発達して、政治は直接情報を発信できるようになりましたし、人びともマスメディアを介さずに情報を収集したり、自らの意見を発信したりするようになりました。

最近はさらに進み、アマゾンで買い物をするときのように、過去の履歴から推測されたプロファイルや選好に応じてカスタマイズされた情報を提供する仕組みも普及してきて、人びとがどのような政治的情報に接しているのか、そしてこうした情報に反応しているかは百人百様になりました。（個人的にはあまり好きな喩《たと》えではありませんが）政党も政策という商品をどれだけ多くの人びとに買ってもらえるかを競争している存在ととらえるならば、番頭さんよろしく百戦錬磨の党職員がいて、本店と支店、部－課－係のようなタテ型組織がガッチリあって、信奉するイデオロギーによって各種政策をパッケージにしてセット販売するという伝統的な政党のあり方も、変容を迫られるでしょう。第Ⅰ部では、新聞とインターネットメディアの両方に詳しい古田大輔さんと、政党で情報戦略を担当された小口日出彦さんにお話をうかがいます。

二つめは、第四次産業革命による、

民主政治における新しい合意形成の仕組み

の可能性を探ることです。

人びとが情報を受け取るばかりでなく、簡単に意見を発信できる双方向性が、インターネット最大の特徴です。今でも、パブリックコメントやネット選挙、ネット献金など、自宅にいながらにして政治参加する方法は拡大しつつあります。将来的にはＡＩも、複雑化した社会にあって、どのような選択肢が自分や社会にとってベストなのか、最適な意思決定を支援してくれるツールになるかもしれません。

自分を含む社会にとって必要と言われても、増税に賛成と答える人は少ないように、私たちは「真の利益」に気付きにくいものです。こうした真の利益を発見する方法として、現在注目されているのが熟議民主主義という考え方です。（かなり）昔、ヨーロッパで貴族や市民がコーヒーハウスやサロンに集まって議論したように、人びとが集まり、虚心坦懐に意見を交わせば、単なる感情的反応にとどまらない健全な世論の形成が期待できるでしょう。たとえ議論の結果、自分の意見が通らなかったとしても、そこに至る過程で自分の意見が十分に検討されれば、結論も受け入れやすくなるものです。このような市民的公共性を、議会を通じた公式の政治決定に繋《つな》げていこう、というのです。テクノロジーも使いようによっては、熟議民主主義の促進に役立てられるかもしれません。

この可能性について、第Ⅱ部では国内で熟議民主主義を理論面と実践面のそれぞれでリードしている田村哲樹さんと柳瀬昇さんの話を聞きたいと思います。

そして三つめは、第四次産業革命を構成するさまざまなテクノロジーを用いた、

政治制度のアップデート

の第一歩を観察することです。第四次産業革命の政治制度への実装は空想科学小説ではなく、すでに具体的な検討が始まっています。日本でも、投票用紙に鉛筆で記入するのではなく、タッチパネル式の電子投票機を用い

ることは、法律上可能です。さらに、在外投票について、投票所に行かなくても自宅でインターネットを通じて投票できるようにする仕組みの整備に向けて、総務省は研究会を設けて検討を行いました。国会では、議員に配布する資料を一部でペーパーレス化したり、まずは産休中で会議に出席できない議員を対象に、ネットを通じた電子投票を可能にする具体的検討がなされたりしています。

これらは小さな一歩かもしれませんが、後から見れば大きな変わり目であったと言われるようになるかもしれません。第Ⅲ部では、このように現在進行形の実践に向けた動きについて、総務省・投票環境の向上方策等に関する研究会を主宰した森源二さんと、二〇一八年に開催された世界電子議会会議（World e-Parliament Conference）に日本から唯一参加した川本茉莉さんにそれぞれの様子をお話しいただきます。

技術的課題の先に、民主主義への問い

気を付けなければならないのは、技術革新が進めば、必然的に政治のあ

り方も変わる、というわけではない点です。第四次産業革命と政治の関係は、下部構造と上部構造、早い話が親亀の上に子亀が乗って、親亀こければ子亀もこける、という図式ではありません。私のイメージは、ばんえい競馬のように、

第四次産業革命を政治に実装するため越えなければならない山が二つある

ばんえい競馬では、大きなレースになれば一トンにも及ぶ重たいそりを馬が引き、コース上に設けられた二つの山を越えます。特に、二つめの山は高く、登りきれずにリタイアしてしまう馬もいます。

というものです。

第四次産業革命と政治の関係をたとえると、第一障害、すなわち比較的低いほうの山は技術的課題です。インターネット投票でハッキングを防止するとか、世界中どこにいても電子議会に出席できるようにする仕組みと

か、技術的に解決しなければならない問題です。この第一障害は、すでに通過している、あるいは今はクリアできなくても、パイロット・スタディのような取り組みがすでに始められていて、遠からずテクノロジーの発達によって全面的な解決方法を見出せるのではないかと思います。

ただ、技術面の課題をクリアしても、さらに考えなければいけないことが出てきます。自動運転の技術が確立されたとしても、万一自動運転車が事故を起こした場合、その責任は自動車の持ち主が負うのか、自動車に乗っていた人が負うのか、それとも自動車メーカーが負うのかなど、制度設計をどうするかという大きな問題が残されています。テクノロジーと民主主義の関係も同じで、むしろ技術的課題の次に来る第二障害のほうが難関かもしれません。技術的には可能でも、民主主義の根本原則に照らして考えなければいけない事柄が生じます。

例えば、一人一人のニーズに応じて政治的情報を提供できるようになり、また誰でも情報を発信できるようになるのは良いけれど、それは、聞き心地のよくない反対意見を良薬口に苦しと熟考する機会に乏しく、フェイクニュースと隣り合わせの政治であることを覚悟しなければなりません。政党が、有権者一人一人の選好を把握し、それにふさわしい政策や情報を提供できるようになるのは歓迎すべきことだけれども、こうした利益の集約機能だけでなく、どのような政策が必要なのか有権者に情報を提供し、説得する政治的社会化機能はないがしろにならないでしょうか。

テクノロジーは熟議民主主義の実装を促進するかもしれませんが、ＡＩが発達してただちに「最適解」が見付かってしまうのならば、そもそも熟議なんて要らない、という見方が出てくる可能性もあります。投票日に投票所まで足を運ばずに、自宅でパソコンやスマートフォンで一票を投じられるならば、私たち有権者は楽だし、開票作業もあっという間に終わるので安上がりになるでしょう。しかし、仕切られた投票ブースの外で投票できるようになるということは、誰かの監視下で投票させられるケースが出てくる、すなわち普通選挙と並ぶ民主的選挙の根本原則である秘密投票が揺らぐ恐れがあります。電子議会が実現されて、いつでもどこでも会議に参加できるならば、あれほど大勢の議員が必要なのだろうか、職業政治家でないと国会議員にはなれないのだろうか、といった疑問も当然浮かんでくるでしょう。近代以降の民主主義と分かちがたく結びついてきた、代表の観念の見直しに繋がりかねません。

このように本書は、技術的な問題以外の根源的課題も含めて、第四次産業革命が政治に与えるインパクトを考えたいと思います。

ここまでお読みになり、読者の皆さんはお気付きになられたかもしれません。この本は、普通の本と少し違います。普通の本では、著者は読者と向き合い、講義をするときのように著者が知っていることや考えていることを読者に伝えます。これに対して、この本の編者はむしろ読者の側に立ち、皆さんといっしょにスピーカーの話を聞き、質問を投げかけ、感想を述べます。著者というよりも、ナビゲーター、読者代表といったところです。

ただ、先程申し上げた二つめの山にも目配りしなければならないし、技術的な一つめの山とて、携帯電話を持ったのは限りなく遅く、ＳＮＳは研究上の必要最小限度しかやらない、一言で言えばローテクの私が読者代表というのは、いささか荷が重い……。

と、思っていたところ渡りに船、シシドさんが現れました。シシドさんは、同じ学部で憲法を教えている俊英です。情報・通信法制に関しても、政府、マスメディア、情報通信産業など幅広く活躍していて、本書の助太刀には最適の人物と言えましょう。実を言うと、彼とは大学時代のサークルの先輩後輩、三〇年に及ばんとする付き合いで、何かにつけて知恵袋として頼りにしているのです。

たにぐち　やぁ、シシドさん。実は……（以下略）。

シシド　断れないのを知ってて頼んでいるでしょ。しょうがないなぁ（苦笑）。

というわけで、イケイケドンドンのたにぐちサンと、しっかり者のシシドさん、二人の珍道中のはじまり、はじまり……。

目次

第Ⅲ部　新しい制度

デジタル・デモクラシーがやってくる！

ＡＩが私たちの社会を変えるんだったら、政治もそのままってわけにはいかないんじゃない？

第Ⅰ部　新しい民意

第1章　読ませる技術とフェイクニュース
――政治コミュニケーションの巻

ニュースはネット経由

シシド　たにぐちサンは大学の現代日本政治の授業で、時事問題を取り上げたりすることはないのですか。

たにぐち　あくまで試験の出題範囲外の余談としてですが、ニュース解説もやります。学期末の学生アンケートに「時事問題解説は面白かった」という感想を書かれたこともあります。時事問題解説「は」というのは、どう解釈したらよいのだろう？

シシド　時事問題を解説するにしても、そこで取り上げる新聞記事を、今どきの学生は読んでいますかね。

たにぐち　たしかに「今日の朝刊にこういう記事が載っていた」と話を始めても、学生はなかなか食いついてきません。ただ「ネットにこんなニュースが出ている」と言うと、その場でスマホを取り出して、確認していますよ。

シシド　今どきの若い人たちは、ニュースをインターネットで、[1] それも新聞社のサイトではなく、まずはYahoo!やGoogleで読むそうです。LINE NEWSやSNSで流れてくる情報で政治や社会を見てもいます。

たにぐち　意識的、能動的にニュースを入手するというより、生活や趣味に関わる情報、あるいは知人・友人とのコミュニケーションのついでに、何となく、受動的にニュースに接触しているという感じかな。

シシド　政治に関する情報から生活情報まで、公共の話題から私的な会話まで、あらゆる情報が同じスマホという「回転寿司」のレーンに乗って流

1　二〇一八年のNHK「情報とメディア利用」調査によると、政治・経済・社会の動きを伝えるニュースの入手先として、一六〜三九歳ではインターネットが新聞はおろか、テレビをも上回っています。

れてきて、関心を魅かれるものを取る。でも、街の回転寿司屋とは違い、フェイクニュースという「毒皿」も混じっていたりして。

たにぐち　インターネットの発達により、人びとが入手可能な情報量は飛躍的に増加したけれども、そのことが直線的に人びとの政治的洗練度を高め、民主政治を深化させるというわけでは、どうもなさそうです。朝日新聞の記者とBuzzFeed Japan（バズフィードジャパン）の創刊編集長という、伝統的マスメディアとインターネットメディアの両方で豊富な経験をお持ちの、古田大輔さんにうかがいましょう。

＊　＊　＊

おすすめ記事は好みの記事ばかり

古田　インターネットが生まれていろいろな問題が勃発してきたように言われていますが、そうではないと思います。その前から萌芽はありました。

例えばアメリカならば、ケーブルテレビが参入してくることによって、チャンネルが増えました。それで苛烈な視聴者獲得競争が起こり、情報のエンターテインメント化が発生しました。情報＝インフォメーションと娯楽＝エンターテインメントを組み合わせた「インフォテインメント」の発生です。そして視聴者層をターゲッティングしていく。FOXは保守層をターゲットとして狙いに行く、CNNはより中間層をといった感じで、ある視聴者層に特化した番組というのもどんどんできていきました。[2]

たにぐち　こうした素地があったところに、一九九〇年代になってインターネットが出てきたと。

古田　そうです。ネットで誰でも情報の受発信が可能になる時代がやってきました。この段階での大きな変化は、それまでジャーナリストが規範としてきた、真実を尊重するとか、情報源を秘匿するとか、中傷や名誉棄損をしないなどの自律的規範、メディア倫理のタガが外れたことです。メディア倫理をまったく身につけていない人たちが情報の受発信を始めた。

それを追いかけるように、テクノロジーによる新たな革命が次々とやっ

2　FOXニュース、CNNは、ともにアメリカのニュース専門放送局。FOXの報道姿勢は保守的、CNNはリベラル寄りと言われています。

てきます。具体的に言うと、パーソナライゼーション（情報の個別化）。関心や好みに合わせて一人一人に特化した情報を送ることによって、それぞれの人は心地いいし、使い勝手がよくなる。それをGoogleやFacebookなどが推し進めていき、気がつけばフィルターバブルが完成していた。

シシド　フィルターバブルとは、ネット上での履歴から推定された一人一人の好みに応じて、検索結果やニュースの表示順序を変えたり、商品を勧めたりする結果、無意識のうちにネットで接する情報の範囲が狭まってしまうこと。すなわちフィルタリングによって、各個人は泡の中に閉じ込められるように隔離されてしまう、という考え方ですね。

たにぐち　マスメディア論の授業のとき、隣に座っている学生同士でスマホに表示されるYahoo!ニュースのおすすめ記事を比べさせると、彼らは「隣の人と表示されているニュースが違う」とビックリしますよ。

古田　ここまでお話ししてきた情報のエンターテインメント化、視聴者層の特化、情報の個別化、そしてフィルタリングの効果は、すべてが政治的分極化を強化しました。すなわちアメリカにおいては、民主党支持者と共和党支持者を引き裂く方向に働きました。

たにぐち　自分の興味・関心・好みに合う情報ばかりが提供され、また、自らもこうした情報ばかり選んで接触する結果、保守的な人はいっそう保守的に、リベラルな人はさらにリベラルになるのですね。特にアメリカでは、保守派とリベラル派の対立が激しくなってきています。[3]

古田　さらに、対立陣営間の憎悪につけ込んで、フェイクニュースを拡散させる人たちが生まれてきました。保守的な人に「ほら、ヒラリーは悪いやつでしょ」という偽情報を流す人たちが現れたのです。こうした情報を見せられた人たちは「知らなかった。マスメディアが報じていない『真実』を見つけた」と言って、いわゆる「ネットの真実」を「みんな」と共有しようとします。この「みんな」って、実は分極化された後の自分たち、今の例では保守派の人たちなのですけれども、このようにしてサイバーカスケード状態、つまり滝が次第に水勢を増していくように、ネット上での政治的分極化が加速していきます。

3　一方で、日本では、インターネットは政治的分極化を進めないという調査もあります（田中辰雄／浜屋敏『ネットは社会を分断しない』角川新書、二〇一九年）。

四つの切り口で読者を引きつける

シシド　そのように課題山積のネットの世界に、古田さんはどうして飛び込んでいったのですか。

古田　僕は、もとは朝日新聞で記者をしていましたが、二〇〇二年の入社以来、新聞への反響がなくなっていくさまを徐々に感じるようになりました。署名記事を一面に書いても、誰も気付いてくれなくなったのです。それが加速したと感じたのは、三・一一（東日本大震災）の後です。

僕は、人に情報を伝えたくて仕事をしていたのであり、紙媒体が絶対だったわけではありません。どうすればユーザーに届くのかを考え、答えはインターネットしかないと思い、朝日のデジタル編集部に移って、いろいろなデジタル表現を試みてみました。

デジタルのテクノロジーを使えば、画像を動かしたり、双方向に交流したり、さまざまな表現ができます。ソチ・オリンピックのときの「浅田真央　ラストダンス」[4]のように、爆発的なページビューがあり、SNSでも

4　http://www.asahi.com/olympics/sochi2014/lastdance ツイートは一万、Facebook の「いいね!」は七万五〇〇〇に達し、ページ閲覧数は公開後三日間で一〇〇万を超えたそうです。

非常に多くシェアされたコンテンツも作りました。

しかし、国際政治のようにそもそもスポーツなどと比べて関心を持つ人が少ないテーマで、同じような技術を使ってコンテンツを作ってみても、反響が少なかった。それでわかったのは、伝え方を工夫しただけでは意味がないということです。

昔は、マスメディアは良い記事を書きさえすれば、自動的に多くの読者に届きました。朝日新聞の記者が取材する。内容を朝日新聞に書く。その記事が載った新聞を朝日新聞の販売店が、朝日新聞を購読している読者に届ける。一気通貫、とてもわかりやすい垂直統合モデルがありました。

でも、今は違います。朝日新聞の記者が取材して、その記事がYahoo!ニュースに流されて、そこからTwitterを通じて読者のスマホに届く、というように、記者が取材してから読者に届くまでの経路が全部ばらばらの層に切り離されてしまったのです。ただコンテンツをつくるだけでなく、どうやって届ければ良いか。その頃、ソーシャルメディアでの拡散を通じて驚異的に成長しているアメリカ生まれのインターネットメディア

BuzzFeedが日本に進出することを知り、市場調査に来ていた幹部らと知り合い、彼らの手法を学ぶ中で、日本版の立ち上げに誘われました。

たにぐち　紙媒体中心の朝日新聞とネットジャーナリズムのBuzzFeedを比べて、一番違うところは何ですか。

古田　BuzzFeedは、コンテンツをどう読者[5]に届ければよいかを、よく考えています。朝日新聞時代の僕のように、良いものをつくれば人びとに届くというのは、「俺はうまい寿司を握ってるんだから、おまえは黙って食え」という「がんこな寿司屋さん」のようなやり方です。でも、がんこな寿司屋さんと、マーケティングに長《た》けた回転寿司屋さんのどちらが規模を大きくできますかといったら、回転寿司屋さんですよね。読者はどういうコンテンツを欲しているのかを理解しないといけません。

BuzzFeedは、四つの切り口を設けています。第一に、読者のアイデンティティに近く、「これは自分のことだ」「あるある」と感じさせるものを作ること。第二に、読者のエモーショナルな部分に影響するもの。「いい話だね」「かわいい」「悲しい」と感じてもらえるものを、きちんと分析す

5　わかりやすく「読者」と言い換えてしまいましたが、古田さんは「オーディエンス」（直訳すれば、視聴者、メッセージの受け手）という語を使われていました。両者の微妙な意味合いの違いも興味深いところです。

る。第三はナレッジ。読者に知識を与えるもの、発見があるものです。そして第四は、アスピレーション。「自分でもできそう」とか、「やってみたい」と憧れを持たせるようなもの。この四つがコンテンツとして重要な要素と考えています。

たにぐち　まるで明治時代に小新聞（こしんぶん。娯楽記事中心の新聞）が大新聞（おおしんぶん。政論中心の新聞）を駆逐したときみたいですね。

古田　よく「読者におもねっている」と言われますが、それは半分だけ正解なのです。ネット上に何千万、何億というコンテンツがある中で、「これは大切なことだから読め」と言っても、もう読まれません。読者におもねらず、それが通用する時代は終わったことを理解しないといけません。読者におもねらず、事実を曲げずに、ちゃんとしたものを伝える点では同じです。けれども、それが伝わりやすいように読者を理解し、工夫するのです。

配信戦略と、いかに読者を巻き込むか

シシド　伝わりやすいようにする工夫は、コンテンツ以外の部分にもあり

そうです。

古田　コンテンツ制作とともに考えないといけないのが、ディストリビューション、つまり配信の戦略です。読者は、どうやってその情報に接するのかを分析する必要があります。Twitterを通じてか、Instagramを通じてなのか、それともYouTubeを通じてなのか。それぞれのプラットフォーム[6]に、違うタイプのユーザーがいて、違うタイプのコンテンツを求めています。

ロイターのデータによると、デジタルニュースに接するときのメディアとして、世界ではFacebookが圧倒的なのに、日本では、YouTubeとTwitterが強く、Facebookは世界の三分の一ぐらいです。LINEも生活インフラ化しています。BuzzFeed Japanが一番苦労しているのはここで、BuzzFeedのグローバル戦略が日本ではなかなか通じません。他国とは全然違う動きをしていることを理解した上で、配信の戦略を考えなければなりません。

もう一つはエンゲージメント戦略、どのようにして読者を巻き込み、関

6　Yahoo!やGoogleなどのポータルサイト、あるいはYahoo!ニュース、Gunosy（グノシー）、スマートニュースなどのニュースアプリ、そしてLINEなどのSNSのように、各社が配信したニュースをまとめ読みできるインターネットサービスの総称。

順位	日本	アメリカ	イギリス	フランス	ドイツ
1	YouTube 16%	Facebook 39%	Facebook 28%	Facebook 46%	Facebook 22%
2	LINE 14%	YouTube 20%	Twitter 14%	YouTube 24%	YouTube 19%
3	Twitter 10%	Twitter 15%	YouTube 10%	Facebook Messenger 13%	WhatsApp 16%
4	Facebook 5%	Facebook Messenger 9%	WhatsApp 9%	Twitter 9%	Instagram 6%
5	Niconico 2%	Instagram 7%	Facebook Messenger 6%	Instagram 8%	Twitter 5%
6	Instagram 2%	WhatsApp 4%	Instagram 4%	WhatsApp 8%	Facebook Messenger 4%

出典：Reuters Institute Digital News Report 2019

注：調査回答者は各国の国勢調査に基づきオンラインで集められ、過去１か月間にニュースを観た人を用いている（平均して全体の約97%）。「あなたが先週ニュースを観るために使ったものはどれですか？　あてはまるものすべて回答してください」という質問に対して、SNS やメッセージアプリ合計19と、「その他」「わからない」「該当なし」を含めた回答結果の上位６位までを国ごとに示している

図表１－１　デジタルニュースの情報源として使われる SNS とメッセージアプリ上位６位

コンテンツ戦略

記事を読者に届けるためのマーケティングに基づいた４つの重要な要素

1. アイデンティティ
読者に「自分のことだ」と感じさせる要素

2. エモーショナル
読者の感情に訴えかける・影響するような要素

3. ナレッジ
読者に知識を与え、発見を提供できる要素

4. アスピレーション
読者に「できるかも、やってみたい」といった行動を促す要素

ディストリビューション戦略

読者の情報の接し方の分析に基づいた配信方法

1. プラットフォーム
どのようなプラットフォームを用いているのか

2. ユーザー
各プラットフォームに、どのようなユーザーがいるのか

3. コンテンツ
どのようなタイプのコンテンツを求めているのか

日本では、デジタルニュースに接する際に、YouTube や LINE、Twitter を主に使用している

エンゲージメント戦略

読者とニュースの関わりを作り、満足度を高める方法

1. ニュースのシェア
ソーシャルメディアやメールを通じたニュースの共有

2. ニュースへのコメント
ソーシャルメディアやウェブサイトへのコメント書き込み

3. ニュースにかける時間
どれだけ時間をかけてニュースを読んだ・閲覧したか

日本は、世界に比べて、シェアやコメントが約４分の１程度

図表１－２　デジタルジャーナリズム時代のニュースに関する３つの戦略

わらせるかです。これもロイターのデータですが、日本でソーシャルメディアやメールを通じてニュースをシェアする人は一三％、ソーシャルメディアやウェブサイトを通じてニュースにコメントする人は八％、世界基準でいうと四分の一ぐらいです。アメリカでは、トランプ大統領が何か政策を打ち出して、議論を呼ぶときには、Facebookで万単位のコメントが付きます。日本で一番コメントがつくメディアは、例えばハフポストや東洋経済オンラインですが、コメント数は数十から数百に過ぎません。

ネットメディアの人間は、今挙げたシェアやコメント数だけでなく、どれだけの時間をかけて、どこまで記事を読んでくれたとか、何分動画を見てくれたとかまで、細かくデータを取っています。このような複数の指標を用いて、ユーザー満足度を量っているのです。

BuzzFeed Japanの仕組み

シシド　三つの戦略は共有されているとしても、BuzzFeedはニュースからエンターテインメントまで、幅広い情報を発信しています。社内ではどのような分業体制になっているのですか。

古田　三つのグループに分けています。ニュースをやっている人たちと、オリジナルと呼ばれるエンターテインメントやライフハック系[7]をやっている人たちと、ビデオをやる人たちです。テレビ局は、ニュースもやれば、情報番組もやれば、お笑いもやるでしょう。それと同じです。ニュースだけだと、やっぱり読者は少ないのです。だからエンターテインメントをまぜ込んでいます。

スタッフは若い人が多く、男女は半々ぐらいです。我々の読者のかなりの割合が二〇代で、一〇代もいるので、こういう人たちに届けようと思ったら、スタッフの側でも若い人たちの感性が重要です。四〇代、五〇代の人たちが「二〇代ってこんな情報を求めているんでしょ」と見つくろうやり方は、もう通用しません。Twitterに「これ、おっさんが作ったコンテンツっぽい」と書かれてしまいます。

たにぐち　日々学生と接している身としては、興味深いところです。若い人たちの感性を生かすと、どのようなコンテンツになるのでしょう。

7　仕事や生活をよりよくするための工夫（に関する記事制作）。

古田　うちのエンターテインメントサイドだったら、すごくビジュアルが強く、文字が少ないコンテンツの作り方をしています。動画も、相手の感情に訴えかけるような部分をクローズアップさせたものを作ったり、テレビの人たちもまだ気づいていないような次世代の人気者を取り上げたりしています。

同時に、昔ながらのニュースのようなもの、特ダネ系とか、調査報道とかもやっています。Instagram にもニュースを流します。二〇代の女性や大学生に情報を届けようとしたら、Instagram は必須です。性教育に関して、元AV女優の女性に語ってもらったインタビュー記事を、印象的な写真と言葉を使って記事にするとか。こういうのを、若い人がスマホで見るんです。

たにぐち　ニュースとエンターテインメントの記事の割合はいかがですか。

古田　記事の数でいうと、エンタメのほうがちょっと多いくらいです。記事数ではそれほど変わりませんが、記事一本当たりの閲覧数では、エンタメはドーンとはね上がります。平均でも、エンタメはニュースの二～三倍あって、よく読まれたものになると一〇倍ぐらいの違いがあります。

シシド　BuzzFeed Japan は、どうやって収益を上げているのですか。

古田　アメリカの BuzzFeed は、一般の記事と並べて、一般の記事と同じような形式で広告を掲載する「ネイティブアド」で急激に伸びました。BuzzFeed Japan でもやっています。これ以外に、いわゆるバナー広告もあります。また「コンテンツシンジケーション」といって、BuzzFeed がコンテンツを作成し、それをいろいろなプラットフォームに販売をすることもあります。

ただ、課金制[8]はやっていません。課金制は安定的に収入を得られる点では良いのですが、弱点はフィルタリングの場合と一緒です。二〇一七年に Facebook がアルゴリズムを変えたせいで、Facebook からインターネットメディアを見に来る人が激減して、広告収入では成り立たない、やはり課金制という流れになりました。しかし、ニューヨーク・タイムズもワシントン・ポストも課金制を強化すると、タダで見られるコンテンツにビュー数では勝てない。無料で信頼できるコンテンツがネット上に必要です。な

8　読者から利用料金をとること。

ので、BuzzFeedは広告収入で頑張っています。

フェイクニュースの拡散力

たにぐち　古田さんたちは三つの戦略を駆使して世の中の「事実」を伝えておられますが、同じような戦略を悪用して、フェイクニュースをばら撒《ま》く人たちもいるのではありませんか。

古田　netgeek（ネットギーク）をご存じでしょうか。民主党系の政治家や、韓国や中国をものすごく批判したり、よく人を炎上させるようなネタを書いているメディアなのですが、彼らの記事はよく拡散しています。

アメリカのBuzzFeedにクレイグ・シルヴァーマンという人がいて、彼は、二〇一六年のアメリカ大統領選挙の終盤には、CNNやワシントン・ポスト、ニューヨーク・タイムズよりも捏造サイトの記事のほうがFacebook上で拡散していたという記事を書いて、世界的な話題になりました。

そこで私も、日本の総選挙で同じ調査をしてみたのです。そうしたら、朝日新聞やNHKよりも拡散していたのがnetgeekであることが分かりました。日本では、アメリカほどフェイクニュース問題はひどくないというのが通説です。たしかに、ロシアやイランが介入しているわけではないし、そもそも日本人はあまりソーシャルメディアでニュースをシェアしないので、アメリカほどには蔓延しません。だけど、同じようなことをやっている人たちがいて、そのことがあまり知られていないのは日本の危ないところです。

我々が暴いた事例は、他にもあります。二〇一七年一月に「大韓民国民間報道」というサイトが、韓国人による日本人女児強姦事件で韓国の裁判所が被告に無罪判決を出した、という記事を配信し、大量に拡散しました。Facebookで繋がっている人が「韓国はけしからん国だ、こんな凶悪犯に無罪なんて」とシェアしていたので読んでみたら、記事の書き方が明らかにおかしい。それらしく書いてあるけど、プロの記者が書く記事ではありません。

もう一つ違和感を持ったのは、このように重要な判決を、なぜ「大韓民国民間報道」という見たこともないサイトだけが流しているのかです。朝日もNHKも報じていませんでした。記者に指示を出して取材をしたら、大使館も知らないと言います。

そこで「これはおかしくない？」という記事をすぐ配信して、さらに取材を進めたら、サイトの運営者を見つけることができました。インタビューをしたら、彼は「すべて嘘です」とあっさり認めました。「大韓民国民間報道」というサイト自体が、すべて嘘のニュースでできていたのです。嘘の記事に広告を張りつけて、広告収入を得ることが目的でした。彼がこの手法をどこで学んだかというと、実はBuzzFeedの特ダネ、マケドニアの地方の若者たちがフェイクニュースを書いて金を儲けたという記事を読んで、仕事がなかった彼は同じことをしたそうです。[9]

彼はある意味すごく優秀で、マーケティングがきちんとできていました。フェイクニュースを拡散させるために「在日特権を許さない市民の会」の元会長の桜井誠さんを狙いました。桜井さんのフォロワーをフォローすることにより、偽ニュースが桜井さんに届くように情報をうまく流して、発

9　詳細は https://www.buzzfeed.com/jp/kotahatachi/korean-news-xyz-2 に書かれています。

信力のある桜井さんから周りにいる人たちに拡散させたのです。

フェイクニュースと検索サイト

シシド　もう一つ、フェイクニュースの拡散源になる恐れがあるものとして、Yahoo! や Google を使った検索があります。フェイクニュースに限りませんが、最高裁判所も、プライバシーなど検索結果を提供されないことによる利益が、公共の利益など検索結果を提供すべき理由と比べて「明らかに」優越する場合は、検索結果の削除を求めうるという判断を示しています。[10]

古田　ホロコーストに関する検索結果が大炎上したのを覚えていらっしゃいますか。「ホロコースト」と検索したら、ホロコースト否定派の記事が検索結果の一ページめに出てくるのを、英紙ガーディアンが指摘しました。これで Google 批判一色になって、Google は検索結果の表示を変えました。

私は、この記事を読んで、すぐ「従軍慰安婦」や「南京虐殺」を検索してみました。そうしたら、日本の検索結果のほうがもっと激しくて、いわ

10　平成二九年一月三一日最高裁決定。ただ、この事件で争われた Google に対する検索結果の削除請求は、ここで示された判断基準に照らして、削除を認めないという結論になりました。

ゆる否定派・幻派の人たちの書いた記事がドッと出てきました。最近になって、ようやくGoogleも対応しました。CGM（Consumer Generated Media）系と言われる、個人が書いた記事について、検索結果の順位を落としたのです。新聞社や公式サイト、政府系のサイトなどが上のほうに表示されるように、アルゴリズムを調整しました。逆に「NAVERまとめ」などの記事は、表示順が下げられました。CGM系は誰によって書かれたのかわからないので、信頼性が高くないというのが、Googleの判断です。

この判断は正しいと思います。政治的に意見が分かれる事柄に関して、プラットフォームがどこまで価値判断できるかということは、とてもセンシティブな問題です。そこは中立公平という立場を崩さずに、あくまで信頼性という観点から判断しました。朝日新聞も産経新聞も新聞メディアとして自ら取材したものであるから、それぞれの記事の信頼性は比較的高い一方、ユーザーが書いた記事の信頼性は必ずしも高くない、という多くの人にとって納得のいくアルゴリズムを採用したのです。

選挙を狙うフェイクニュース

たにぐち　二〇一六年のアメリカ大統領選挙のように、特定の選挙結果に影響を及ぼす目的でフェイクニュースが放たれたケースは、日本にもありますか。

古田　日本の選挙にも、既に現れています。二〇一八年の沖縄県知事選挙[11]が始まる前、「沖縄知事選サイト」などというサイトが複数作られました。「沖縄知事選サイト」と、いかにも公式の、中立公平そうな名前ですが、内容は玉城デニー候補をむちゃくちゃに批判するものが並んでいました。運営者を調べたら、同一人物でした。住所も架空です。そこで、実体がないという記事を書いたら、すぐにサイトが削除されました。こういうふうに、選挙期間を狙ってフェイクニュースを流そうとしている人たちが増えてきています。

たにぐち　選挙のときに怪文書をばらまかれた、という話はよく聞くけれど、ネット上では情報流通経路が多元化しているぶん、怪文書がもっとも

11　現職の死去に伴い行われ、米軍普天間基地の名護市辺野古移設反対を訴えた玉城デニー候補が、自民・公明・維新などの推薦候補らを下して当選しました。

らしく見えてしまう場合があります。

古田　僕は、政治的に中立で、支持政党はない人間なのですが、今のところフェイクニュースは、内容的には自民党を利するものが多いです。理由は、政治的なものではなくて、そうしたほうが読者が多いからというのもあるでしょう。政治的に自民党を支持している人もいるでしょうが、そのほうがよく読まれてカネになるからと考える人もいます。

これは、アメリカ大統領選でも同じでした。ヒラリーを攻撃するフェイクニュースのほうがトランプに対するものよりも圧倒的に多かったのです。アメリカのBuzzFeedがフェイクニュースをつくっている人たちに取材したら、「だって、そっち（ヒラリーを攻撃するフェイクニュース）のほうが多くの人に読まれるから、お金になる」と答えたそうです。日本でも、政治的理由よりも、多くの読者を集められるという金銭的な理由で自民党を応援するものが多いのでしょう。

先程、デジタル時代には、コンテンツ（記事内容）戦略・ディストリビューション（配信）戦略・エンゲージメント（読者巻き込み）戦略の三つが必要と言いましたけれども、日本の新聞社やテレビ局はこれらの戦略をできていなくて、むしろフェイクニュースをやっている人たちのほうが、よっぽど「良い」仕事をしているのです。

シシド　「悪貨は良貨を駆逐する」ですか……。

変化が示した希望

古田　マスコミュニケーションの民主化という大きな変化の一つの側面ととらえれば、悪いことばかりではありません。これまでの政治コミュニケーションは、新聞社の、二〇代の頃は地方の支局で一生懸命取材をしてから、本社に上がった、という人たちが情報を独占していました。高学歴の男性、日本人が多く、多様性に欠けるマスメディアによる情報の独占構造が崩れ、情報が民主化し、マスメディアも検証対象になったのは良いこととも言えます。一方で、情報の民主化の負の側面が、今申し上げたフェイクニュースです。

良かった面の実例を言えば、例えば、二〇一八年にフロリダ州のマージョリー・ストーンマン・ダグラス高校で銃乱射事件が起きました。この事件で生き残った人たちが「#NeverAgain」運動を起こして、他団体とも協力して「#MarchForOurLives」という銃規制を訴える大規模な抗議デモ[12]をしました。事件のサバイバーたちが、自分たちでTwitterやInstagramを通じてメッセージを呼びかけ、メディアが拡散させ、最終的には世界的なムーブメントにまで広がったわけです。政治家が記者会見をして、それをマスメディアが書くことが政治コミュニケーションの中心だった時代から変化し、高校生のツイートがこれだけのムーブメントになり得るようになったのです。

高まるファクトチェックの重要性

シシド　とすると、古田さんは将来を楽観しているのですか。

古田　楽観はしていません。まず、押さえておきたいのは、フェイクニュースの技術は進化していることです。二〇一六年のアメリカ大統領選挙のとき、トランプが女性に関して卑猥な発言をしている会話の録音が暴露さ

12　全米各地でデモが行われ、首都ワシントンでは数十万人規模に達しました。

れました。あの録音は本物でしたが、今の技術ならば「うその音声や動画」を作れてしまうのです。ＡＩを使って、その人の声を人工的に合成し、言葉に合わせて表情や仕草なども本物そっくりに動かすことができます。「暴露」された動画が本物なのか、それとも偽物なのかを証明するのが難しくなってしまいました。

こうしたフェイクニュースの問題に気付いて、世界のメディアは戦っています。例えば世界には、ファーストドラフトという組織がやっている、フェイクニュースと戦うプラットフォームがあります。[13] ＣＮＮ、ＡＢＣ、ワシントン・ポストといったマスメディアから BuzzFeed のようなネットメディアまで協力し、さらには Twitter、YouTube や研究機関も加わっています。

しかし、このプラットフォームに入っている日本の組織はわずかです。マスメディアは一つも入っていません。日本には、ファクトチェックの文化もほとんどありません。さらにマイナスなことに、日本では体系的に、時代に即したメディア倫理を教えている組織がほとんどないのです。ジャ

13　https://firstdraftnews.org

ーナリズムスクール[14]は少なく、そもそもメディアで働いている人たちにデジタル時代のメディアリテラシーが不足している状況なので、かなり苦しいと思います。情報の受発信者であるユーザーに対して、騙《だま》されないようにメディアリテラシーが必要と語られますが、実は、メディア側もメディアリテラシーの進化に対応する教育機能がないのです。

たにぐち　メディア側にメディアリテラシーがない？

古田　台湾の例で説明します。二〇一八年秋に、台風で関西国際空港の滑走路が浸水し、さらに強風で流されたタンカーが関空と対岸を結ぶ連絡橋に衝突して、利用客が丸一日以上空港内に取り残されました。孤立した利用客の中には、多くの中国人と台湾人がいたそうです。

そのとき、中国大使館はバスを派遣して中国人を優先的に救出したのに、台湾の台北駐大阪経済文化弁事処（領事館に相当）は何もしなかったという情報が台湾で拡散し、それを台湾メディアが次々と取り上げて、報道を見た台湾の人から外交部（外務省）に抗議の電話が殺到しました。その後、大阪の領事は自殺しています。

14　主に大学に設置されている、ジャーナリスト養成学校。

ところが、中国がバスをチャーターしたというのはまったくの誤情報だったのです。その後に開かれた国際会議で、台湾メディアの人たちがフェイクニュースを何とかせんといかん、みたいなことを言うので、僕は手を挙げて「なぜ皆さんは裏を取らなかったのですか」と指摘しました。報道する前に大阪に電話していたら、中国大使館もバスを派遣できる状況ではなかったと、すぐわかったはずです。

たにぐち　関空への唯一の陸路である連絡橋が使えないのですから。

古田　ネット情報には嘘がつきものというメディアリテラシーが足りなかったのは台湾メディアじゃないかと。同時に日本のメディアもいつ騙されるかわかりません。僕だって何度も嘘を信じてしまったことがあります。こういう意味で、情報のプロであるメディア側にも、メディアリテラシーが必要なのです。

最後にもう一つ、本当に重要と思うのは、広告業界です。フェイクだろうがコピーしてきたコンテンツだろうが、クリックさせれば広告収入になると考える人たちがいます。だからフェイクがなくなりません。ユーザーも、メディアも、そしてメディア業界をビジネス面で育んできた広告業界も、みんながメディアリテラシーやメディア倫理を考えないと、これから厳しいと思います。

規制という課題とプラットフォーマーの責任

シシド　古田さんがお考えのメディアリテラシーやメディア倫理の徹底とは、自主規制ですか、それとも何らかの法規制を伴うものですか。

古田　各国で対応が分かれています。ヨーロッパでは、フェイクニュース対策法とも呼ばれる、嘘の情報がプラットフォームに流れ、それに対する異議申し立てがあった場合に対応しなかったら罰金を科すという法規制をしている国もあります。

一方、アメリカは法規制をしていません。アメリカ合衆国憲法の修正第一条は、言論の自由を保障していますが、そこでの言論の自由、表現の自由には嘘をつく自由も含まれているという人が、アメリカには多いのです。嘘をつく自由を含んでいるけれども、だからこそ、ジャーナリズムは「おまえ、嘘をついているだろう」と検証しなければいけない。それでチェック・アンド・バランスを成り立たせるという考え方です。

意見は分かれるでしょうが、個人的には、アメリカのやり方のほうが良いと思います。国が規制するとなれば、判断基準が非常に難しいからです。ただ、どのような線で業界がまとまれるのかは非常に悩ましいところです。

そこで、僕が主張してきたのは、業界で団体をつくることです。[15] サイトには運営元を書きましょうとか、そういう基本的なところから意見を交換し、話し合う。今は、誰が運営しているのか分からないインターネットメディアが山ほどあって、しかも、そこに大企業の広告が張りつけられていたりします。そういうのはおかしいと共通認識をもつところから始めようと議論しています。

たにぐち　まず主体となるべき業界団体を立ち上げるというアイデアは良いですね。ただ、ＧＡＦＡ（Google, Amazon, Facebook, Apple）や、日本の場合はYahoo!やＬＩＮＥなどのプラットフォーマーが負うべき責任はさらに大きいように思えるのですが。

15　このときの発言のとおり、二〇一九年にインターネットメディア協会が設立され、古田さんは理事に就任しました。

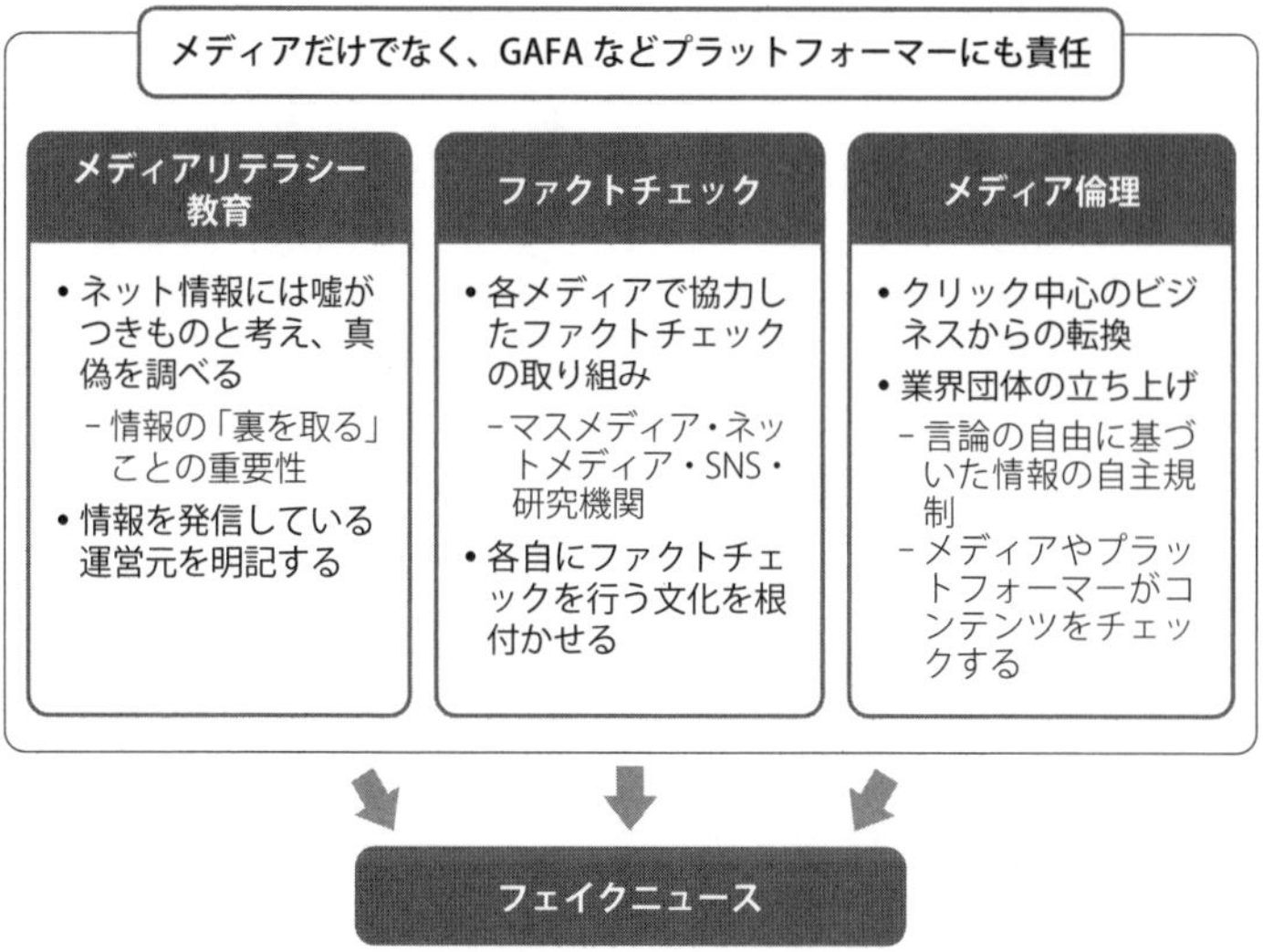
メディアだけでなく、GAFAなどプラットフォーマーにも責任
メディアリテラシー教育
・ネット情報には嘘がつきものと考え、真偽を調べる
－情報の「裏を取る」ことの重要性
・情報を発信している運営元を明記する
ファクトチェック
・各メディアで協力したファクトチェックの取り組み
－マスメディア・ネットメディア・SNS・研究機関
・各自にファクトチェックを行う文化を根付かせる
メディア倫理
・クリック中心のビジネスからの転換
・業界団体の立ち上げ
－言論の自由に基づいた情報の自主規制
－メディアやプラットフォーマーがコンテンツをチェックする
フェイクニュース

図表1－3　フェイクニュースに対抗するためのメディアやプラットフォーマーの役割

古田　プラットフォームの人たちが責任を果たさないといけないというのは、そのとおりです。Facebookのザッカーバーグさんが米議会の公聴会に呼ばれたときに「Facebookはパブリッシャー（発行元）なのか」と質問されて、「違う。我々はIT企業だ。プラットフォームだ」と主張したのは詭弁だと感じます。

以前、ニューズ・コープ[16]CEOのロバート・トムソンさんと対談したとき、彼は「YouTubeにCGMでいろいろなコンテンツがあるのは、いろいろな人が寄稿して作られている雑誌と同じ。人びとは雑誌を読むときのようにYouTubeにアクセスし、それでYouTubeはお金を儲けているのだから、YouTubeはパブリッシャーじゃないか。それなのにYouTubeが『自分たちはプラットフォームですから』と、コンテンツをチェックする責務を逃れるなんておかしい」と言っていました。私もそう思います。

プラットフォームは変な情報が流れないようにチェックする責務を負う必要がありますし、メディア・エコシステムの中で、もっと多くのお金をコンテンツをつくる側に還元しないとエコシステムが崩壊するかもしれま

16　ルパート・マードックが会長を務め、ウォール・ストリート・ジャーナル、ニューヨーク・ポスト、英タイムズなどを傘下に収める巨大メディア企業。

せん。プラットフォーム側は「メディア・エコシステムのために還元します」とコメントしますが、その言葉を真に受けているコンテンツプロバイダーはいません。還元する金額の桁が足りないのでは、というのが正直な感想です。

＊　＊　＊

ネットメディアの公共性

シシド　実は、総務省でプラットフォームサービスに関する研究会をやっているのですが、そこでも、ディスインフォメーション、すなわち故意に偽情報を流通させようとする問題への対策として、プラットフォーム事業者に行動規範（コード・オブ・コンダクト）を求めるかどうかが検討課題になっています。

たにぐち　将来、紙媒体の新聞がますます読まれなくなり、大きな新聞社の経営も揺らぐようになったとき、健全な民主政治を維持するために必要な情報を、ネットメディアが代わりに提供できるのか、という疑問が残ります。古田さんや BuzzFeed Japan はすごく意識しているし、Yahoo! や Google をはじめとするプラットフォーマーもそれなりに社会的責任を自覚しているとは思います。

でも、プラットフォームにせよ、コンテンツプロバイダーにせよ、今後生き残り競争がいっそう激しくなったときに、どこまで公共性に対する使命感を保ち続けられるでしょうか。

シシド　コンテンツプロバイダーに関しては、アメリカではプロパブリカをはじめ、財団などの寄付で運営される非営利の報道機関が活躍しています。日本でも、ワセダクロニクルなど類似の試みが始まっています。

たにぐち　古田さんが言っていたように、コンテンツプロバイダーからプラットフォーマー、デバイスまでを一気通貫する生態系はもはや再建できないでしょう。けれども、日本では全国紙の力はまだ強いし、テレビのキー局とも提携関係にあります。プラットフォーマーも、総合型ポータルサイトはYahoo! JAPANがずば抜けたシェアを持っているし、検索ならばGoogle一強と、ステイクホルダーは相対的に限られています。

伝統的マスメディア対ネットメディアのせめぎ合いとか、まして読売新聞対朝日新聞の販売競争などの以前に、フェイクニュースという民主政治にとっての共通敵にどう立ち向かうか、このまま手をこまねいて、アメリカのようにアクターが星雲状に散らばってしまわないうちに、新しい政治コミュニケーションのインフラストラクチャーを作ってもらいたいところです。

シシド　ただ、「メディア」という言葉が示すとおり、政治コミュニケーションという場合には、人びとと新聞やテレビなど伝統的マスメディア、あるいはインターネットメディアの関係ばかりではなく、政党や政治家による情報の送受信のありようにも影響は及びます。

たにぐち　次章では、新しい技術やメディアの発達が、政党の側にどのような変化を起こしているのか、見てみることにしましょう。

本章のポイント

◎一人一人に特化して情報を提供できるようになり、良い記事を書きさえすれば、あまねく読者に届くという時代は終わった。メディアには、読者に選んでもらえるコンテンツ戦略、プラットフォームに合わせた配信戦略、読者を巻き込むエンゲージメント戦略が必要。

◎フェイクニュースの技術は、今やかなりのレベルに達している。多くの人びとに情報を届けるための戦略でも、フェイクニュースは新聞社やテレビ局を上回っている。

◎フェイクニュースとたたかうため、一般の人びとにとどまらず、メディア業界や広告業界にもメディアリテラシーやメディア倫理の徹底が必要。プラットフォーマーの責任も大きい。

第2章　政党の情報戦略から見えてくるもの――政党の巻

テクノロジーは政党の機能不全を立て直すか？

シシド　技術革新によって、人びとがそれぞれの好みに合わせた政治的情報に接触できるようになりました。逆に、政治やマスメディアから人びとへという一方通行ではなく、メールやSNS、ブログなどを通じて、個人が情報を発信できるようにもなっています。このような変化に政治の側、特に政党も対応しなければなりません。

たにぐち　政党には、人びとのさまざまな要求をまとめる民意の集約機能と、人びとに情報を提供し、ときには説得する政治的社会化機能があると言われています。その両面で政党の機能不全が言われて久しいです。

シシド　二〇一九年参院選では、れいわ新選組やＮＨＫから国民を守る党が、ネットを活用して議席を獲得しました。既成政党からも、ネットを中心に選挙運動を行って当選した山田太郎参院議員（自民党）のような政治家が出てきました。こうしたケースは政党の変化のキッカケとなるのでしょうか。

たにぐち　古田さんは、メディアにはコンテンツ戦略・配信戦略・エンゲージメント戦略が必要と言っていました。ならば、政党も同様のコミュニケーション戦略を練らねばならないでしょう。これからの政党では、イデオロギーや組織的基盤をがっちり固めて、堅実に票を獲りに行く伝統的なやり方だけではなく、個別争点やリーダーシップを強調して、世論に直接アピールすることも重要になる。このため、宣伝やマーケティングの専門家が大きな役割を果たすのかもしれません。[1]

1　こうした政党像を、政治学者のパネビアンコは「選挙‐プロフェッショナル政党」と呼びました。テレビを念頭に、一九八〇年代に提唱された概念ですが、現在ではさながら「ハイパー・選挙‐プロフェッショナル政党」と言ったところでしょうか。

シシド　政党の機能の立て直しに、テクノロジーは貢献できるのでしょうか。自民党で情報戦略を担当された、パースペクティブ・メディア代表取締役社長の小口日出彦さんに、情報技術が自民党、ひいては日本政治をどのように変えたのか、うかがってみることにしましょう。

＊　＊　＊

政権奪還のための情報分析とは

小口　気が付けば三十数年、ずっと情報の仕事をやってきました。その中で偶然のつながりから、二〇〇九年から一三年まで、はからずも自民党の政権奪還に向けた情報戦略プロジェクトをお引き受けすることになりました。

情報戦略には、分析と表現の二つの面があります。まず、情報を整理して、そして、どのように見えるかを評価する。これが分析。情報にはポジティブな見え方とネガティブな見え方がありますが、ポジティブなときは、よりポジティブにする方法がありますし、ネガティブなときは、せめてニュートラルな見え方に戻すにはどうするのかを助言します。こちらが表現に関わることです。

以前出版した『情報参謀』（講談社現代新書、二〇一六年）にも書いたことですが、私がした仕事は、政治の世界のカーナビゲーションです。自民党がクルマ。運転者は、党幹部の国会議員です。私はカーナビとして、彼らに対して、今ちょっと道が荒れてきましたとか、前方に障害物がありますとか、ガラガラに空いていますからアクセルを踏んで大丈夫ですよ、というようなことをお知らせする。二〇〇九年から一三年の期間で言えば、目的地は政権奪還にセットされていて、そこに向かって最短距離で行くのか、迂回する必要があるのか、躊躇《ちゅうちょ》せずアクセルを踏む場面なのか、あるいはスピードダウンすべきなのか、というようなことを助言していました。

たにぐち　どのように情報を分析するのですか。

小口　私のところが一番得意としているのは、テレビをまとめて見てしまう、というやり方です。実のところ、私は、ふだんほとんどテレビを見ません。ここでテレビをまとめて見ると申し上げたのは、一定の期間に報道された政治トピックの推移を示したグラフを見る、という意味です。例えば、NHKと民放の朝の報道番組の内容を、全部テキストデータに分解してしまいます。見出し、主語、述語、修飾語から人や事象の名称や数まで、映像に含まれる要素をすべてテキストとして書き出すのです。こうして書き出したテキストをテレビメタデータと呼びます。分解したメタデータを時系列に沿って集計すると、その日の朝、テレビで一番報道されたトピックは何か、二番め、三番めは何かが見えてきます。

さらに詳しく、例えば午前六時から一五分間という時間帯で、もっとも多く語られたキーワードは何かをヒストグラムチャートで表すと、化学分析のスペクトルのように、いろいろなパターンが出てきます。各テレビ局の編成担当者はプロですから、視聴者が何を求めているのかを意識しながら、番組で取り上げるトピックを選びます。[2] 視聴者の好み、趣向を反映した形で、報道は組み立てられるのです。時には一局だけが他局にはない特

2　毎分視聴率という、一分ごとの視聴率が計測されるので、テレビ局はどのようなトピックが視聴者の関心を集めるか細かく把握できます。

ダネを抜くときもありますが、たいていの場合、局ごとの偏りや個性を超えて同じようなところに収斂《しゅうれん》していき、テレビメディア全体として何が問題とされているのか、視聴者が何を求めているのかが見えてきます。

見るのは単語の出現頻度

シシド　差し支えなければ、一つ実例を教えてください。

小口　二〇一八年一〇月一六～二二日の推移を見てみましょう。国内政治のトピックスで第一位になったのは、一六日の消費税（安倍晋三総理による消費税率一〇%への引き上げ表明）、一九日の片山さつき大臣（国税庁口利き疑惑）、二〇日にまた消費税でした。一八日には普天間基地移設問題で政府が対抗措置を取ったニュースが第七位に来ています。沖縄関連のニュースは上位には来なくても結構全国の報道に載ります。こうして一週間の推移を眺めるだけでも「税」「政治とカネ」「基地」といった政治キーワードが浮かび上がって見えるわけです。

ただし、政治報道は、スポーツと芸能スキャンダルにまったくかないま

順位	2018/10/16	2018/10/17	2018/10/18	2018/10/19	2018/10/20	2018/10/22
1位	消費税10%引き上げ関連	サウジ記者行方不明問題	KYB免震検査データ改竄問題	片山大臣による国税庁口利き問題	消費税10%引き上げ関連	サウジ記者行方不明問題
2位	サウジ記者行方不明問題	―	サウジ記者行方不明問題	サウジ記者行方不明問題	―	―
3位	―	―	―	―	サウジ記者行方不明問題	アメリカINF全廃条約破棄表明
4位	―	―	―	―	―	―
5位	―	―	―	―	―	―
6位	―	福島第1原発事故津波対策問題	―	―	―	―
7位	―	―	普天間基地移設問題	―	―	―
8位	―	―	―	―	―	―
9位	―	―	日仏首脳会談	消費税10%引き上げ関連	築地市場移転問題	―
10位以下	―	消費税10%引き上げ関連	消費税10%引き上げ関連	―	―	消費税10%引き上げ関連

注：21日は日曜日のためデータなし

図表2－1　2018年10月16日から22日までの主要政治報道トピックの順位

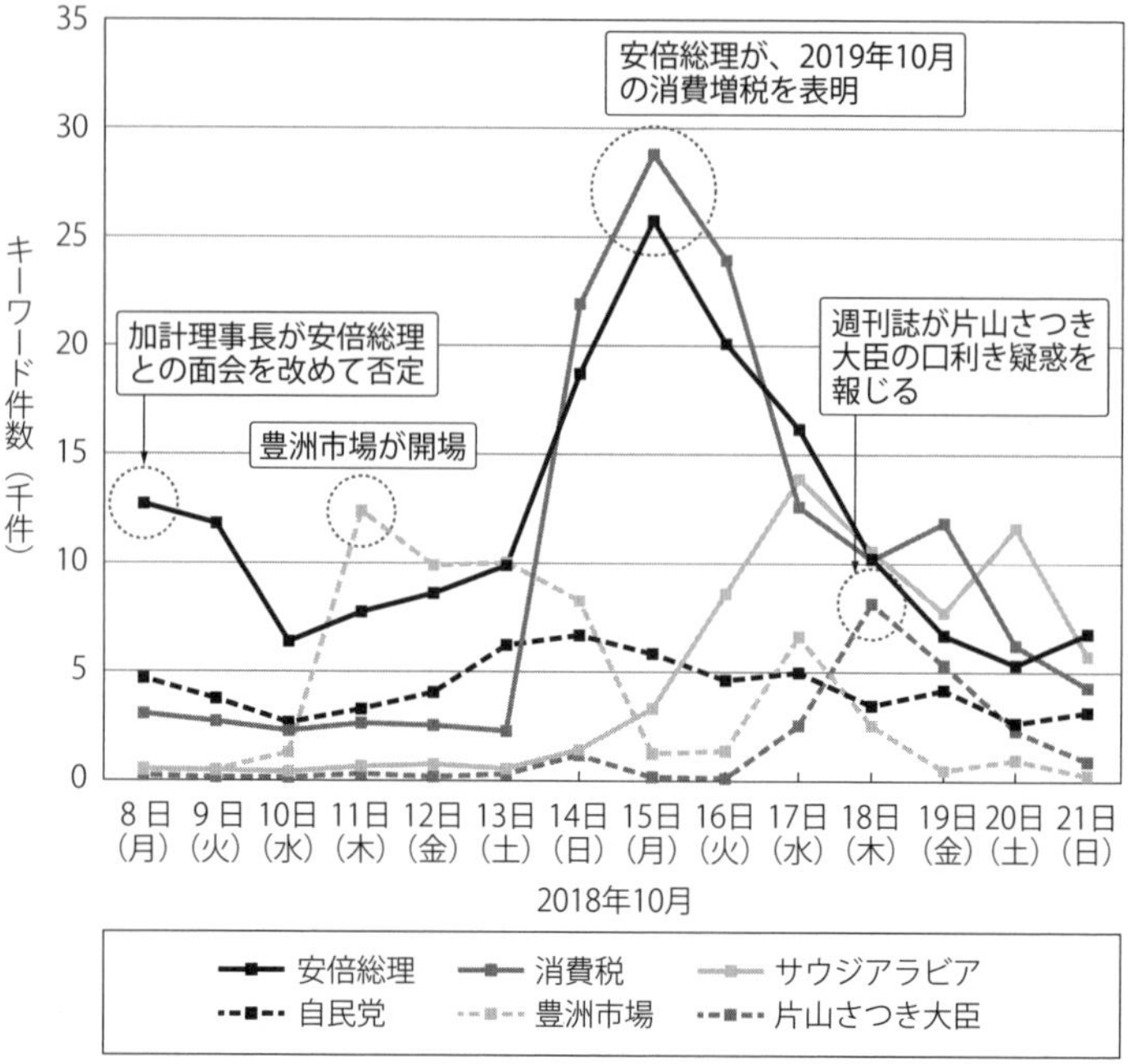

出典：株式会社ホットリンクのツールを使用して、株式会社エム・データが作成したデータを使用

図表２－２　2018年10月８日から21日までの政治報道トピックのキーワード頻出の推移

せん。どんな重大政局でも、「日本人選手が卓球で世界チャンピオン」「芸能人の不倫スキャンダル」といったニュースが来たら、たちまち吹き飛ばされてしまいます。[3]

たにぐち　テレビ以外に、インターネットの分析はしていないのですか。

小口　私たちと協力関係にあるホットリンクという会社が、ブログや掲示板の書き込みなど、インターネットのメタデータ分析をしています。同社はネット上にある数十億ページ分のデータを蓄積しており、そこに書き込まれたテキストを品詞単位でばらばらに分解し、「安倍総理」「消費税」「サウジアラビア」[4]「自民党」といった単語の出現頻度の趨勢を見ることができるツールを提供しています。

二〇一八年一〇月八〜二一日のグラフを見ると、「消費税」の出現頻度が急激なピークを描いています。しかし、一日あたり三万件といったところですから、長期的な観点からすると大した盛り上がりではありません。森友学園問題のピーク時は、一日あたり一〇万件を超えました。ピークの形にもいろいろあって、一瞬だけ高くはね上がるピークもあるし、ピーク

3　ビデオリサーチ調べの二〇一八年年間高世帯視聴率番組では、FIFAワールドカップ、紅白歌合戦、平昌《ピョンチャン》オリンピックなどが軒並み上位を占めていました。報道番組最上位は二月二三日のニュースウォッチ9の第二一位、これも五輪報道のためと思われます。

4　サウジアラビア政府を批判していたサウジ人記者が、トルコのサウジアラビア領事館内で殺害された事件関連の書き込みと思われます。

としては低いけれど長く繰り返し、一年間の累積ではものすごい量になるものもあります。

攻めどころと守りどころを見極める

シシド　こうして分析した結果は、どのように活《い》かされるのでしょうか。

小口　テレビやネットでの口コミを二四時間三六五日定点観測して、データを整理・集計し、キーワードの変遷や量的・質的な変化をつかみ、トレンドとして洗い出し、政治活動にとってポジティブなのか、ネガティブなのかを判別し、攻めどころ／守りどころを示唆する、という報告書にまとめます。そして、情報分析会議を行い、打ち込み／打ち返しが必要である、となったら、それを打ち出していきます。

打ち出す、すなわち情報発信活動は、国会開会中ならば質問や討論ですし、街頭演説、記者会見、取材対応、ぶら下がりもあります。カフェスタという、自民党本部に設けられたネット放送スタジオから発信することもあります。それから、組織運動本部によるさまざまなイベントやキャラバンも利用しますし、新聞や雑誌、ポスターなどを使った出版活動もあります。

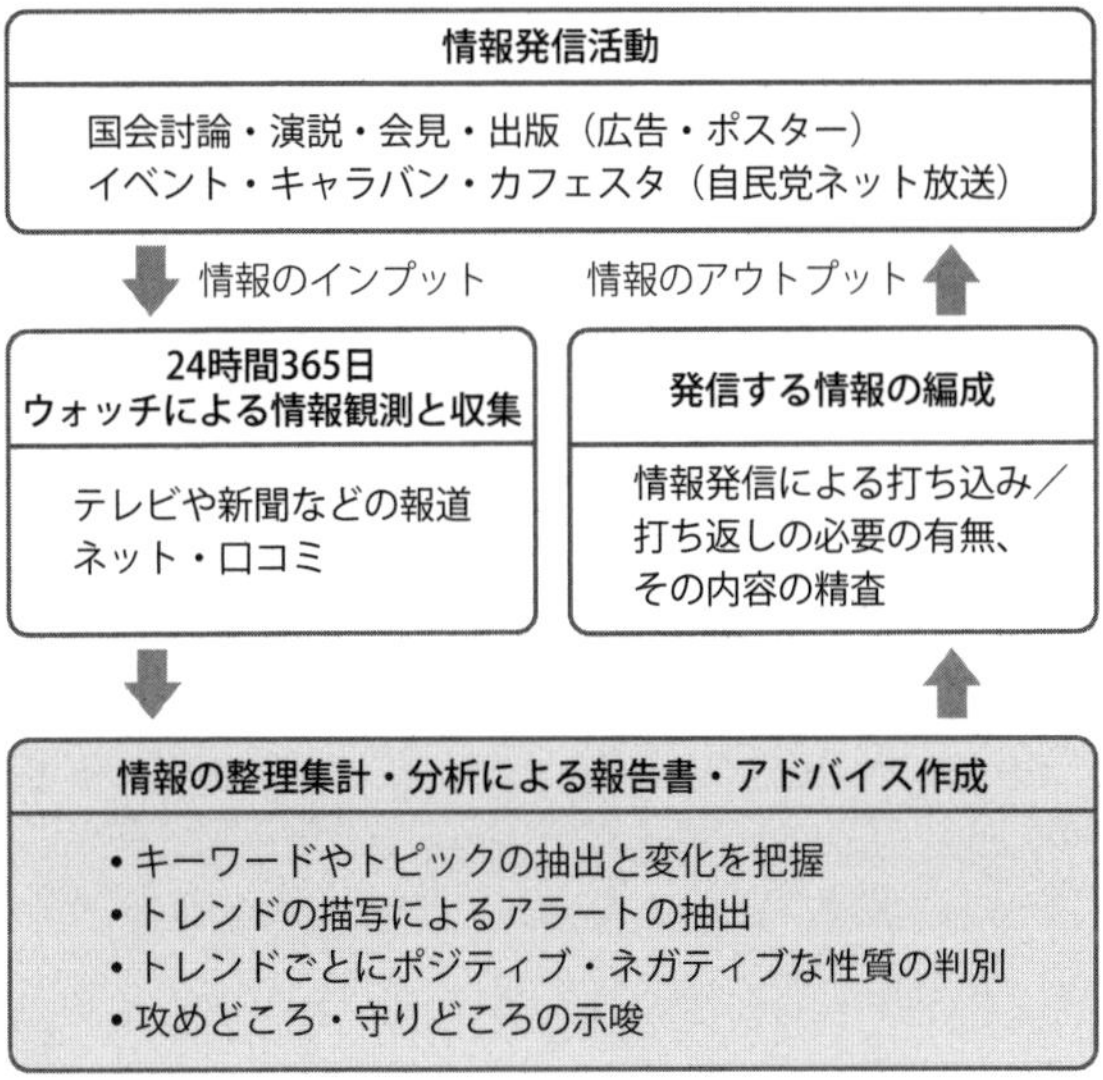
情報発信活動
国会討論・演説・会見・出版（広告・ポスター）
イベント・キャラバン・カフェスタ（自民党ネット放送）
情報のインプット
情報のアウトプット
24時間365日
ウォッチによる情報観測と収集
テレビや新聞などの報道
ネット・口コミ
発信する情報の編成
情報発信による打ち込み／
打ち返しの必要の有無、
その内容の精査
情報の整理集計・分析による報告書・アドバイス作成
• キーワードやトピックの抽出と変化を把握
• トレンドの描写によるアラートの抽出
• トレンドごとにポジティブ・ネガティブな性質の判別
• 攻めどころ・守りどころの示唆

図表２－３　政治報道分析を用いた現状の情報サイクルの全体像

こうして打ち出した情報が、またテレビ報道やネットでの口コミに反映され、それで良かったのか悪かったのかを評価して、次の情報発信活動に活かす。このような情報サイクルをぐるぐる回しています。民間企業のマーケティングでは当たり前にやっていることです。

自民党を変えた二つの事件

たにぐち　自民党の仕事をされたとき、何か印象に残った出来事はありましたか。

小口　もっとも衝撃的だったのは、二〇一〇年に尖閣諸島付近で中国漁船が海上保安庁の巡視船に衝突する映像が、YouTube に流出したときのことです。[5]

このとき、テレビとネットの立場が逆転したのです。

この映像は、海上保安庁は公開していませんでしたから、YouTube 上にしかありません。報道機関の人たちは、一次情報ではないものを報道することに、とても忌避感を持っています。映像が流出した直後の数時間は

5　二〇一〇年九月七日に、尖閣諸島付近の日本領海内で違法操業する中国籍の漁船が、海上保安庁の巡視船に接触して逃走を図り、船長が逮捕されました。その後、日本政府は船長を処分保留で釈放しましたが、これに反発した海上保安官が衝突時の映像を YouTube で公開し、大きな議論になりました。

誰がアップロードしたのか、名無しの権兵衛でしたから、この映像がフェイクではないという保証はありません。しかし、非常に臨場感があって、どう見ても作り物ではなかった。報道機関は悩んだと思います。

　この映像がYouTubeで公開されたのは、二〇一〇年一一月四日の午後九時頃でしたが、四日夜の時点では、テレビでは取り上げられませんでした。しかし、五日早朝から日本テレビが、YouTubeという動画投稿サイトにこういう映像が上がっていると報道し始めると、見る見るうちに増殖して、午前八時台には、ＮＨＫが同局のウェブ上で、YouTubeの映像を十数分に編集したものを公開しました。こうしてテレビとネットの立場が逆転しました。テレビが手に入れられない素材がネットに上がり、それを受け入れて報道せざるを得なくなった。政治メディアの中でネットが重要なポジションを獲得した決定的な出来事だったと思います。

たにぐち　国会ではわざわざ秘密会にして上映された映像が、YouTubeによって一気に人びとの間に広まりました。

小口　この映像は、同時に政治とネットとの関係も変えました。それ以前から自民党本部の情報分析会議ではネットの情報分析や提言もしていたのですが、党内ではマイナーな存在でした。総裁室や幹事長室は、ネットなど若いオタクがやるもので、政治活動とは関係ないという感じだったのです。しかし、このときにYouTubeの流出映像を見た一部の国会議員は、これは本物であるとすぐ見抜きました。秘密会で同じものを見ていたのですから。報道機関もほぼ同時にウラを取り、どこから流出したのだ、誰がやったのだと大騒ぎになりました。自民党は素早く反応し、この日の夕方には、石破茂政調会長（当時）がネット動画のニコニコ動画に出演して、視聴者の質問に答え、自分の意見を述べました。

実は、その前日、民主党（当時）の小沢一郎さんが、大物政治家としては初めてニコニコ動画に出演して、当初三〇分の予定であったのが、一時間半も持論を展開するということがあり、関係者に衝撃を与えました。[6] 新聞やテレビの取材は拒否していた小沢さんが、ネットではご機嫌でとうとうとしゃべった。しかも、このとき二〇万人も視聴者が集まりました。国会議員は、地元の集会に五〇〇人集めることがどれほど大変かを知ってい

6　「小沢一郎ネット会見～みなさんの質問にすべて答えます！」二〇一〇年一一月三日配信。ニコニコ動画の番組ページによると、来場者一三万、コメント数一二万余だったそうです。

ます。それなのにネットには二〇万人も集まるのか、これは放っておけないぞという気になった翌朝の出来事でした。

これをきっかけとして、自民党内の雰囲気が変わり、先程申し上げたような情報分析結果を、報告事項として役員会に上げる機会が増えていったのだと思います。

分析結果を争点やキーワードに活用

シシド　現在の（第四次）安倍内閣でも、情報戦略をかなり重視しているように見えます。

小口　野党時代に情報分析を経験した人たちが、政権奪還以後続々と安倍内閣の閣僚に起用されたことが大きいでしょうね。私の情報分析に最初に注目したのは、茂木敏充報道局長（当時）でした。総合商社や新聞社、コンサルティング会社で仕事をした経験があり、情報の価値や使い方に見識があったのです。茂木先生はその後、広報本部長、政調会長、経済産業大臣、選対委員長、経済再生担当大臣を歴任し、今は外務大臣です。

世耕弘成幹事長代理（当時）も、第二次安倍政権成立と同時に内閣官房副長官になり、経済産業大臣を経て、今は参議院自民党の幹事長を務めています。

平井卓也報道局次長（当時）は、ネットメディア局長になり、自民党のネット放送局・カフェスタを立ち上げました。一二時間カフェスタという、二四時間テレビみたいなこともやり、約三〇万人の視聴者を集めました。このような積み重ねの結果、YouTubeの動画再生回数や党としての公式ツイート数、公式Facebookの「いいね！」数などで、自民党はずっと断トツです。平井先生は、政権奪還の後に、党の広報本部長となり、第四次安倍改造内閣でＩＴ担当大臣になりました。

その他にも、梶山弘志広報戦略局長（当時）は地方創生大臣を経て経済産業大臣になり、塩崎恭久報道局長（当時）は厚生労働大臣に、加藤勝信報道局長（当時）は内閣官房副長官から一億総活躍担当大臣、厚生労働大臣、総務会長を経て厚生労働大臣に再任されています。

たにぐち　政権交代後の情報戦略に、何か変化はありましたか。

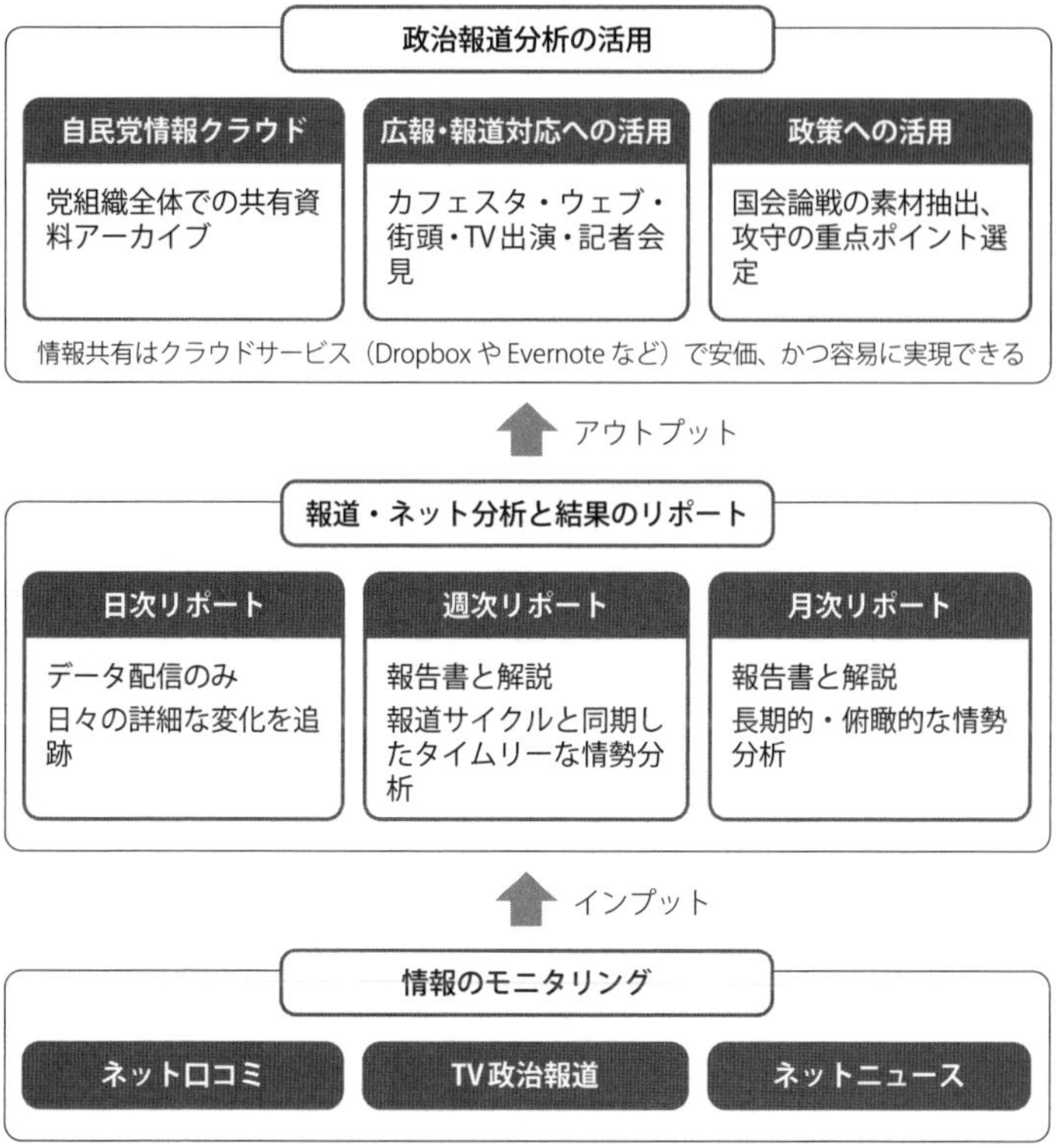
政治報道分析の活用
自民党情報クラウド
党組織全体での共有資料アーカイブ
広報・報道対応への活用
カフェスタ・ウェブ・街頭・TV出演・記者会見
政策への活用
国会論戦の素材抽出、攻守の重点ポイント選定
情報共有はクラウドサービス（DropboxやEvernoteなど）で安価、かつ容易に実現できる
アウトプット
報道・ネット分析と結果のリポート
日次リポート
データ配信のみ
日々の詳細な変化を追跡
週次リポート
報告書と解説
報道サイクルと同期したタイムリーな情勢分析
月次リポート
報告書と解説
長期的・俯瞰的な情勢分析
インプット
情報のモニタリング
ネット口コミ
TV政治報道
ネットニュース

図表２－４　政治報道分析の第四フェーズのイメージ

小口　二〇一二年末の総選挙で大勝した後は、党組織全体での情報の共有と活用をやろうとしました。先程の情報サイクルをもう少し精密にして、テレビやネットニュース、ＳＮＳをモニタリングして分析したものを、日次・週次・月次で報告し、場合によっては一つの事象に集中してリアルタイムで分析することまで踏み込もうとしました。分析結果を表現活動にも展開し、国会質疑やカフェスタ、街頭演説、テレビ出演、記者会見などに結び付けることもより積極的に働きかけました。こうしたことの成果は、二〇一三年七月に大勝して衆参のねじれを解消した参議院選挙のときに組成された「Ｔ２（Truth Team）」の活動に収斂したと思います。

ただ、政治というものは、目の前のことを続々と片付けねばならず、常時Ｔ２のようなきれいな形にはまとまらないのです。国内の政党としては、自民党はましなほうだと思いますが、アメリカの民主・共和両党のきっちりした態勢に比べたら、高校野球に喩えれば甲子園常連校と地方予選で苦労するクラスの学校ぐらいの差があります。

7　この間の時系列を整理しておきます。

二〇一六年三月七日　東京都、前年の舛添知事一行

無党派層を動かす情報爆発

シシド　政党、政治家の情報戦略という観点から、最近起きた、あるいは今後起きそうな注目すべき変化はどのようなものでしょう。

小口　テレビが相当変わったと思ったのは、二〇一六年五月から七月にかけて、舛添要一東京都知事（当時）がつまらないスキャンダルで辞任したときです。[7]

舛添さんが別荘通いに公用車を使った、出張でファーストクラスに乗ったという話題が、ヒットチャートで赤丸急上昇の曲みたいにメディア露出の順位を上げ、そして一か月半もトップを独走した。毎日、舛添都知事のニュースばかり見せられたのです。その間、伊勢志摩サミットがあり、オバマがアメリカ大統領として初めて広島に行ったときだけ首位を譲りましたが、サミットが終わったら、再び舛添さんのニュースがトップで、都知事の辞意を表明して初めて扱いが小さくなりました。

報道占有率は五割近くに達し、理屈の上では、ニュースを見ようとテレ

によるロンドン・パリ出張費が五〇〇〇万円超であった旨発表。
　四月二七日　『週刊文春』、舛添知事が毎週公用車で神奈川県の別荘に通っていたことを報じる。これ以降、舛添氏による不適切支出に関する報道が相次ぐ。
　六月一五日　舛添知事、都知事辞職願を提出。
　六月二九日　小池百合子衆議院議員、無所属での都知事選立候補を表明。その後、自民党は増田寛也元岩手県知事を推薦。
　七月一〇日　参院選。六月二二日公示であり、参院選の選挙運動期間と都知事選の前哨戦はほぼ重なっていた。
　七月三一日　東京都知事選、小池当選。

ビのスイッチを入れると二回に一回の割合で舛添さんの話題にぶつかることになります。こういう状態を「情報爆発」と呼んでいるのですが、このときテレビ局は、政治家のスキャンダルは視聴率の数字が取れるネタだ、ということをはっきり意識したのです。こうして報道で、政治スキャンダルが過剰に取り上げられるようになりました。

この舛添現象、情報爆発があったからこそ、小池百合子さんは東京都知事になれたのです。同時期には参院選があり、イギリスでブレグジット（EU離脱）の国民投票があり、バングラディシュのレストランでテロ事件があり、さすがに社会ネタにはかなわないのでテロ事件には首位を譲ったものの、各週の報道トピックのランキング首位は小池、小池、小池……と続きました。自民党推薦の増田寛也候補はいくら真面目に選挙運動をやっても、メディアに取り上げられません。それどころか、参院選までまったく無風になってしまいました。この頃私は政治とは無関係の所用で、全国各地の人びとの話を聞く機会がありました。すると、福島県や岐阜県のおじちゃん、おばちゃんが、「自分は小池さん推しだよ」などと言うのです。「あなたは都知事選の有権者じゃないでしょう」と尋ねても、「いや、私、絶対、小池さんに受かってほしい」などと答える。舛添、小池の「轟音」の前には、他は何も聞こえなくなってしまうのです。

たにぐち　小池さんが都知事になり、翌年七月の東京都議会議員選挙では都民ファーストの会が第一党になり、その勢いで希望の党を作ったけれども一〇月の総選挙で失速と、風向きが目まぐるしく変化しました。

小口　暴力的な集中報道が起こると、世論調査の数字がすごくボラタイル（不安定）になります。

情報の伝播力という意味では、やっぱりテレビが一番強い。だから、報道占有率五〇％みたいな情報爆発が起こると、日本全国がそっちを向いてしまいます。こうして、世論調査の数字の変動が激しくなるのです。

例えば、それまで安定していた安倍内閣の支持率は、二〇一八年の三月の一週間ほどの間に不支持率が支持率を一気に逆転します。森友学園問題の影響です。三月九日に佐川宣寿国税庁長官が辞任し、二日置いて、近畿財務局に保管されていた、森友学園との契約書に膨大な添付文書をつけた

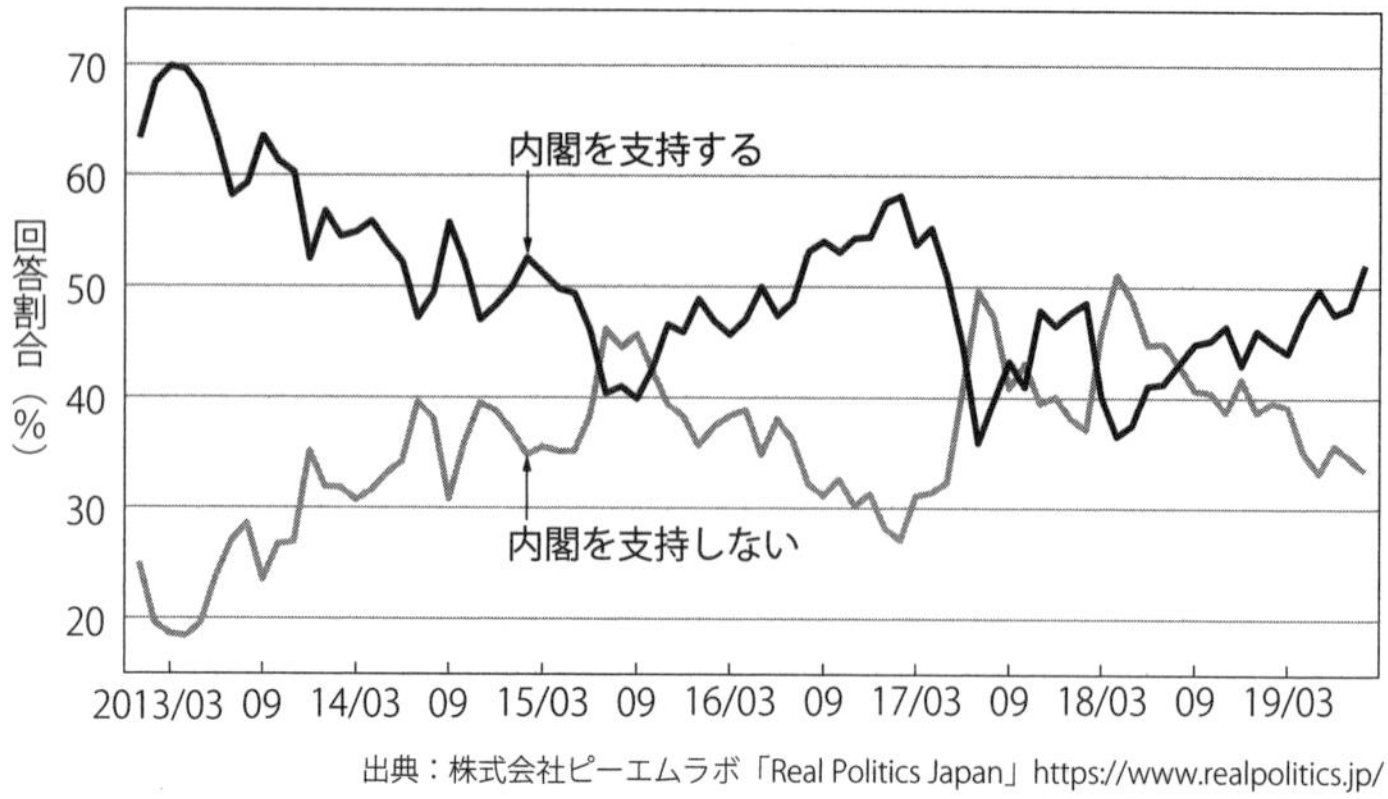

出典：株式会社ピーエムラボ「Real Politics Japan」https://www.realpolitics.jp/

図表2－5　内閣支持率の推移（2013年から2019年８月）

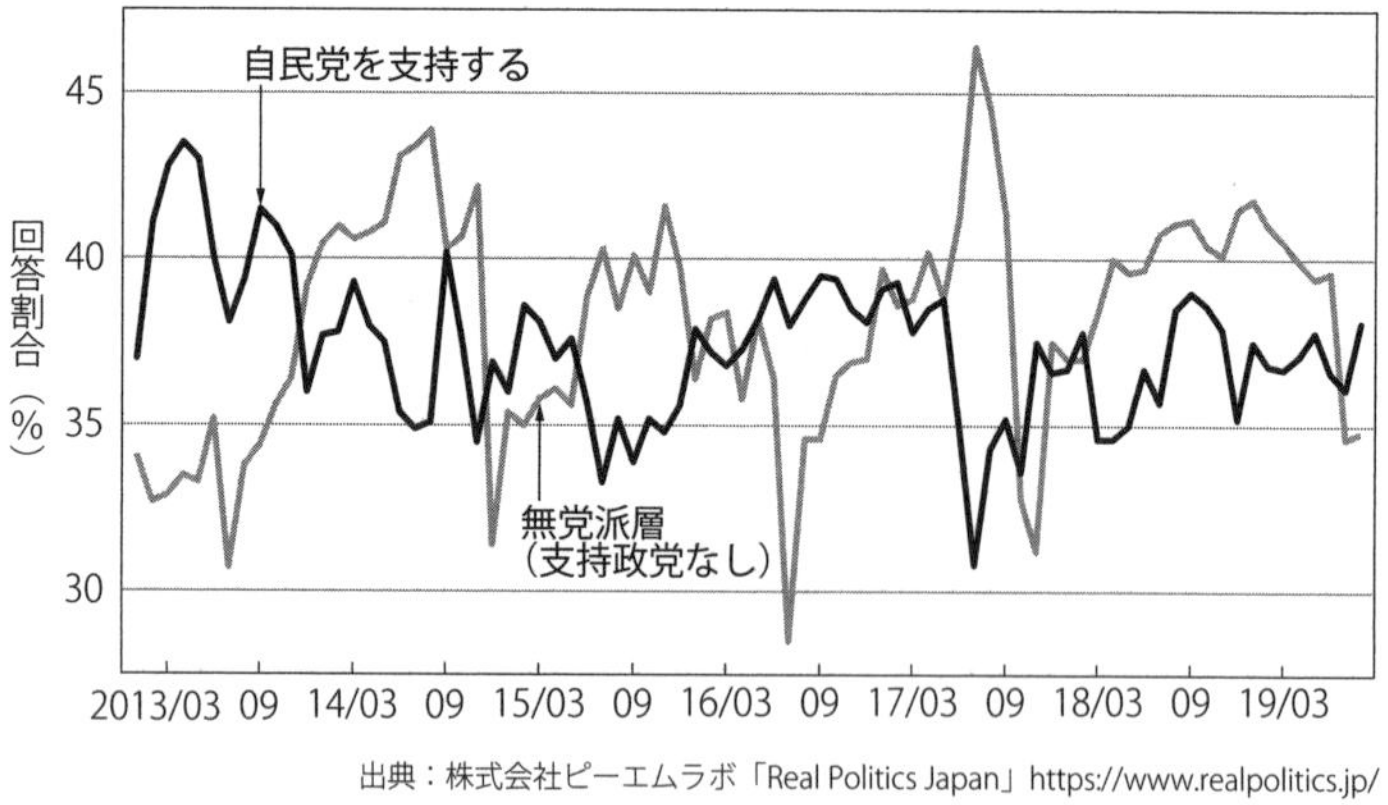

出典：株式会社ピーエムラボ「Real Politics Japan」https://www.realpolitics.jp/

図表2－6　自民党支持率と無党派層（支持政党なし）の推移（2013年から2019年８月）

書類の存在が明らかになりました。[8] それで、わずか一週間で一三ポイントも支持率が下がったのです。このときも、極端な集中報道がありました。

　政党支持率を見ると、ふだんは無党派が四割ぐらい、場合によっては五割に達しようかというくらい多くいるのが、選挙になると、ぐっと下がって三割ぐらいになります。ここに、日本政治の大きな問題が隠されています。無党派層の、ふだんはあまり政治に興味ない人たちが、選挙のときになると、急に増えた政治情報に触発されて、支持政党を決める。でも、三日後に支持政党のスキャンダルがボンと出てきたら、この政党を支持するのは止めて、あちらの政党にしようと右往左往する。こういう不安定な無党派層が政権の行方を決めてしまうのです。

天気予報のように社会現象を予測

シシド　だからこそ、小口さんのような情報分析が、政治家に重宝されるのではないですか。

小口　俗な言葉で言えば「分衆の時代」[9] が進む中で、情報分析は何をでき

8　同年三月二日の朝日新聞報道をきっかけに、森友学園に対する国有地売却に関する決裁文書を財務省が改竄《かいざん》していたことが明らかになり、当時理財局長として本件の責任者だった佐川宣寿国税庁長官が辞任しました。

9　博報堂生活総合研究所編『「分衆」の誕生――ニューピープルをつかむ市場戦略とは』（日本経済新聞社、一九八五年）によって提唱された概念。ここでは、人びとのニーズが多様化して、もはや「大衆」と十把ひとからげに捉えられない時代になった、という含意と思われます。

るのか。最近、これまでとは少し別のアプローチにも、取り組み始めています。

ヒット現象を予測する数理モデルを作ろうとしている人たちがいて、世界的に大きなムーブメントになっています。日本でも、計算社会科学研究会が作られて、鳥取大学の石井晃教授という、物理学の先生が主査の一人を務められています。石井先生は、映画の観客動員数などを予測するヒット現象の方程式を作りました。私たちは石井先生と共同で選挙予測の可能性も探りました。

ヒット現象予測の数理モデルの考え方は、私がやっていることとよく似ています。人は、テレビや雑誌を見たことに影響されて行動します。例えば、朝、テレビがバナナダイエットを取り上げると、昼にはスーパーマーケットでバナナが売り切れたりします。「バナナダイエット、いいらしいよ」というのが、SNSなどの口コミでバッと広がった結果、ブーム、ヒットを生むのです。選挙も、これと非常に似たところがありますが、従来うまく予測できなかったのは、データ点が足りなかったからです。

このことを説明するには、天気予報について考えるのがわかりやすいと思います。天気予報は、昔は観天望気と呼ばれました。漁師や山仕事をする人びとは、波のうねり具合や風向きの変化、雲の様子などから「明日は荒れる」とか「午後からは晴れるぞ」などと予測していたのです。人間の直観力や洞察力はたいへんな力なので、この方法は現代でも適用します。しかしながら、これでは大域的で精密な天気予報はできない。どのくらいの規模の台風がいつ、どこで発生して、どのくらいの速度で接近してくるのか。それにともなう雨風の脅威はどれくらいか。どの地点に何時に上陸しそうなのか。こういうことを知るには精密で広域にわたる大量の基礎データが必要です。現代の気象観測では、無人観測点から衛星写真に至るまでさまざまなデータ点から基礎データを収集しています。この基礎データの量と、コンピュータを駆使したその分析力が天気予報の礎となっているわけです。

これに対して、これまで社会現象の予測に関しては、データ点が足りなかった。しかし、今ではデータ点が急ピッチで広がっています。例えば、スマートフォン。多くの人びとには意識されていませんが、GPSをオンにして動いている人びとの移動履歴は、すべて収集されています。何を検索したか、どのアプリをダウンロードしたか、そのアプリをどのように使ったかというネット上の行動記録と合わせれば、かなりのことがわかるのです。

データ点が増えると、天気予報のように社会現象を予測することも、早晩可能になるでしょう。アマゾンやGoogleやFacebookがやっているのは、そういうことです。[10]将来、間違いなく政治にも影響してきます。

たにぐち　天気予報のように社会現象を予測する……。もう少し例を示していただけると有難いのですが。

小口　オルタナティブデータをご存じですか。

シシド　政府統計や企業の決算開示のような公式のデータ以外で、投資判断に用いられるようになった、さまざまな新しいタイプのデータのことですね。先程言われた、スマホ経由で収集されたビッグデータとか。

小口　オルタナティブデータの供給者の一つに、Orbital Insight（オービ

10　アマゾンから、「あなたへのおすすめ」として拙著を推薦されたことがあります。購買履歴の多いジャンル——本を書くときには先行研究を調べますから——の最新刊なので、私が次に買いそうだ、という「予測」はとても正確です。私がその本の著者という一点を除いて。

タル・インサイト）というシリコンバレーの企業があります。名前から想像がつくように、衛星からセンシングしたデータを使って、いろいろなことがわかるという仕組みです。例えば、ウォルマートとターゲットというアメリカ国内で全国展開している二つの量販店について、それぞれの駐車場の衛星写真を解析します。どちらにどれだけ車が入っているかを分析すれば買い物客の出足がわかり、ショッピングシーズンの売り上げの好不調が推測できます[11]。それぞれの会社がＩＲ情報（投資家向け情報）として売り上げデータを公式に発表するよりも前に、各企業の業績を予測できてしまうのです。この情報に従っていち早く株を買ったり、売ったりします。取引規模が大きい機関投資家にとっては、ものすごく大きな予測情報になります。

個人情報をどう扱うか

たにぐち　政治の世界でも、そして日本でも、やがてそうなると。

小口　実は、アメリカでオルタナティブデータを扱っている人たちが、先

11　立体式駐車場が多く、また公共交通機関を利用して来店する人の多い日本には応用が難しいかもしれません。

日、私のところにコンタクトしてきて「日本では同じようなことができないの？」と尋ねられたので、「それはなかなか難しい」と答えました。

まず、個人の情報をそう簡単に使えません。日本では、JR東日本がSuicaの乗降履歴データを日立に売ろうとして、激しく批判されました。個人を特定できないように加工した情報ですら抵抗感が大きいのです。そうしたら、彼らは「俺たち、日本人のデータを持っているよ」と言うのです。そう、彼らは持っているのです。Googleにも、Facebookにも、日本人ユーザーのデータがあります。

日本の有権者の動静に関するデータは、日本では手に入らないけども、アメリカに行けば買えるということになります。ただ、これを実際にやるとしたら、大議論になるでしょう。自民党が他党に先んじてアメリカからデータを買ったとなれば、何を買ったのだ、道義的な問題はないのかと、それ自体がスキャンダルになってしまいます。やるならオープンにやったほうが良いでしょう。どの政党も同じようにデータを入手できるようにして、その上で利活用する知恵を競う、というのが良いと思います。

シシド　まだ起きていない社会現象を予測し、先回りして対応するわけですから、政治が私たちの行動をコントロールするようにも思えてきます。

小口　メディアテクノロジーの観点から、まず、情報を人びとに送りこむデバイスは間違いなく「五感直撃型」になるでしょう。戦場にロボットを送り、弾が飛んでくることはないけれども、耳元をかすめる弾丸の音とか、戦場の熱さとか、爆風の圧とかを、直接視聴者に送ることが可能になるでしょう。こういう五感直撃型デバイスが出てきたときの情報の受容者の衝撃はすごく大きいと思います。

次に、ＡＩが発達すると、心や頭の働きを外在化させると同時に、その仕掛けをシェアするところまで行き着くでしょう。あの人だけは絶対認められないと思っていた人が、脳に侵入してきて、気持ちを変えさせられてしまうということすら起こりかねません。コントロールとはそういうことですね。

しかし、こうした事態を想定したような法体系は、今のところありません。倫理の問題であり、かつ、情報と政治の関わりの問題です。そういう世の中の進歩と変化の中で、そもそも政党とは何なのか、どういう役割を果たしていくのか、ということが実は問われているのだと思います。

＊　＊　＊

政党の役割とは

たにぐち　自民党もずいぶん変わりました。ただ、イギリスの労働党は、一〇年以上前から、戸別訪問を通じて集めた、各有権者の支持政党、家族構成、関心事などの情報をデータベース化し、選挙運動に活用しています。[12]足で稼いだデータを科学的に活かしているのです。小口さんの言っていたオルタナティブデータというところまで一足飛びに行かなくても、日本の政党も、もう少しデータ活用型の党運営を意識しても良いのではないでしょうか。

シシド　日本が良くなるためには、人びとはどのような情報を好んで見る

12　浮動票をターゲットに、それぞれの人が関心のある政策を提示することで票を獲得しようとします。

のか、を基にするメディアの行動パターンをどうにかして変えなければいけない、というのが小口さんのお話から得られる示唆です。漢方薬を処方するように、プッシュ型の情報提供をして、説得していくことを受け入れられるような、柔軟な国民、世論構造に変えていく。

たにぐち　政党も同じです。いろいろな情報を取ってくれれば、一人一人の有権者が何を欲しているとか、特定の施策にどのような反応を示すかを把握し、対応をカスタム化することで民意の集約機能の向上が図れるかもしれません。しかし、これとは逆方向の政治的社会化機能[13]、中でも痛みを伴うけれども必要な政策を受け入れてもらえるように、人びとを説得することも、政党が果たすべき役割の一つです。

シシド　現在のところはパッシブな情報分析ですが、今後のデータ利活用範囲の増大や社会現象予測の技術向上により、ポジティブに情報を押し出していくことが可能になり、そのことが政党の機能強化に繋がると良いですね。

13　人が成長する中で、政治への考え方や行動などを学習し、自らの政治的な傾向を獲得・確立していくこと。多くは、家族や地域などとの関わりを通じて獲得しますが、政党が政治の情報を提示することで、人びとの政治意識や政治関心などを高めることもあります。

本章のポイント

◎自民党では、テレビやネットを常時観測して、人びとのトレンド、好みに合わせた情報発信活動を行うようになった。

◎自民党が野党であった時代に情報分析を経験した人が、政権復帰後に政府や党の要職に起用されている。

◎政治家のスキャンダルの報道占有率が高くなり、世論調査の数字が短期間に大きく変動するようになった。

◎今後は社会に関するデータをいっそうきめ細やかに収集できるようになり、天気予報のように社会現象を予測して、政治が先回りして対応するようになるだろう。

第Ⅱ部　新しい熟議

第3章　情報化が導く、話し合いの必要性——熟議民主主義の巻

民主主義のアップデート

シシド　第I部では、古田さんにはメディア、小口さんには政党の立場から、それぞれ「情報」をキーワードに、テクノロジーがもたらす変化を語ってもらいました。

たにぐち　情報提供の個人化どころか、一八世紀のイギリスには「諸君はたしかに代表を選出するが、一旦諸君が彼を選出した瞬間からは、彼はブ

リストル［選挙区］の成員ではなくイギリス本国議会の成員となるのである」という演説をした政治家がいたけれど……。[1]

シシド　有権者一人一人の利害や好みにはかまっていられません、選挙区利益からは超然として国益を追求します、と言うのですね。

たにぐち　もし、今同じことを言う政治家がいたら、そのような人のSNSは炎上するでしょう。そもそも所属する政党の本部が「そのようなことを言うな」と止めるかもしれません。

シシド　ただ、昔は各地域の代表が首都に集まって、エリートだけが入手可能な情報をもとに、何が国全体の利益になるかを議論しなければならなかったけれど、今なら全国各地の人びとが豊富な情報を用いて検討し、さらに、直接意見を持ち寄ることも可能ではないでしょうか。

たにぐち　政党や政治家といったエリート任せ、すなわち代表を選ぶばかりではなく、一般の人びとが主体となり、さまざまな意見をじっくり議論し、検討することを通じて合意形成を図り、民主主義をアップデートしようという熟議民主主義（討議民主主義、とも呼ばれる）の理論ですね。

1　エドマンド・バークという人で、保守主義思想の源流としても有名です。

シシド　交通の発達によって何日も旅をせずに全国から集まれるようになりましたし、それどころか通信の発達によって全国各地に居ながらにして、互いの情報を交換したり、議論したりできるようにもなりました。これらは、人びとのコミュニケーションを重視する熟議民主主義にとっては追い風になるように思われます。

たにぐち　これからの二章は「熟議」がキーワードです。技術革新、情報化は熟議民主主義とどのような関係にあるのでしょうか。同理論のエキスパートである、名古屋大学教授の田村哲樹さんに聞いてみましょう。

＊　＊　＊

民主主義の基礎は話し合い

田村　熟議（deliberation）とは何かというと、単純化して言えば話し合いのことです。熟議民主主義は、話し合いが民主主義の基礎にあるという考え方で、単純な意味での投票や多数決の民主主義、また、ロビイングや圧力行動のように、個別的な利益の実現を目指すような民主主義とも違います。

ここでの話し合いとは、正当性と反省（性）を伴う話し合いです。正当性とは、理由・根拠を述べるということです。反省性とは、場合によって自分の意見や選好を見直すこと、そういうものとして特徴づけられる話し合いが熟議です。

たにぐち　参加者を無作為に選び、彼らに今言われたような意味での熟議をしてもらった結果を、自治体の政策形成などに活かすミニ・パブリックス[2]の試みも、各地で行われています。

田村　ミニ・パブリックスこそ熟議の本丸という見解もありますが、私はそれだけではないと主張しています。

というのは、熟議とは、コミュニケーションのある種の様式のことであって、決して制度のことではないからです。例えば、国会は制度だけれども、審議は制度ではない、というのと同じです。国会の外でも審議があり

2　直訳すれば「小型の公衆」。世論調査の対象者はランダムに選ばれ、国民の縮図とみなされるのに似た発想と言えるでしょう。

得るように、熟議もいろいろな場で、いろいろな形態で起こり得ることを大事にしたいと思います。

情報化は民主主義を広める？　害する？

シシド　私たちの日常のコミュニケーションでも熟議が起こり得るならば、インターネットの発達は、熟議の促進にプラスに働くのでしょうか、それともマイナス面のほうが多いのでしょうか。

田村　情報化の民主主義に対する影響については、世紀の変わり目ぐらいには楽観的なシナリオが多かった印象があります。人びとは、政策形成の中枢や生の情報に近いところにいなくても、ウェブを通じて交流したり、意見表明をしたり、自由にいろんなアクターに影響を及ぼすことができて、民主主義がより広まるというシナリオです。

しかし、その後、具体的な時期は特定できないのですが、だんだん悲観的なシナリオも増えているように思います。

ジェイミー・バートレットという人が『操られる民主主義』（草思社、

二〇一八年）という本を出しました。The People vs Tech（人民対技術）という原題が表しているとおり、情報に関するさまざまなテクノロジーの発展が民主主義を危機に追いやることを詳しく書いた本です。

著者によれば、情報化によって個人の自由は拡大しましたが、問題は政治のほうにあります。自由を得るのと引きかえに、政府の支配力・強制性、議会の主権、経済的な平等、市民社会、正しい情報を判断できる市民の存在、そういった自由民主的な政治システムを機能させるために重要な要素の多くが蝕《むしば》まれている、と言うのです。

たにぐち　それって、フィルターバブル（第1章三五ページ参照）のようなお話ですか。

田村　そうです。各個人の好みに応じて提供される情報がカスタム化されていきます。パーソナル化という言葉を使う人もいますし、アメリカの憲法学者キャス・サンスティーンは「デイリー・ミー」[3]などとも言っています。インターネットで無限にいろんな情報が手に入るといっても、各個人は興味を持っている情報、私のスマホならばカープ[4]が負けたという情報ば

3　デイリーとは日刊紙という意味。よって「自分一人のために編集された新聞」という含意になります。

4　田村さんは広島育ち。

かりを見ているということです。

それから、集団分極化（group polarization）も起こります。同じようなマインドの人びとが集まると、要するに右翼はより極右に、左翼は極左になるというものですが、ウェブ上ではこれがいっそう起こりやすく、バートレットは「部族化」、もはや市民というよりも非常に闘争的な「やる気満々の部族」になってしまうと言っています。

もう一つ、バートレットは「モラルないし政治的なシンギュラリティ」ということも言っています。道徳や政治に関する大部分の判断を、人間がコンピュータに委ね始めるポイントがある、と言うのです。シンギュラリティとは、もともと技術的な意味で使われてきた言葉ですが、それと同じく、道徳や政治に関する判断も、ある地点まで来ると、コンピュータとかＡＩに委ねてやめられなくなってしまう不可逆的な変化が起きる、という話です。

民主主義が要らなくなる

シシド　田村さん自身も、バートレットと同じ意見ですか。

田村　最近、情報化とか電子化に限らず、集合的（collective）な次元が社会からどんどんなくなっていることが気になります。人びとの連帯、つながり、紐帯なども言い換えられますが、私は「集合的」という言い方を好んでいます。そもそも「私たち」として意識される集合的な問題を解決しようとするのが、民主政治であるはずです。マーケットは個人的な選好を充足することを目指すのに対し、政治は集合的な問題に取り組みます。

ところが、一人一人に合わせて情報が提供される、情報のカスタム化を通じて、社会に何か問題があるとしても、それを人びとが「私たち」の問題ではなくて「私」の問題と見るようになるならば、どうでしょうか。熟議どころか、民主主義と政治自体が必要のないものになるかもしれません。

シシド　むしろ情報化は、民主主義にとっての救世主とは考えられませんか。民主主義の難点として効率性がない、と言われているところで、ＡＩ

やビッグデータを上手く使う政治指導者が政治的競争や政策決定を制するなど、民主主義を機能させるために情報化を使えないかと思うのですが。

田村　民主主義をより効率的にするというのは、バートレット的な「人民vs.技術」という図式で言うと、「技術」化を推し進めることです。結局、民主主義をより良くしているようで、実は、なくしていく方向に向かうかもしれません。最終的にこう決まるなら、話し合いはしなくて済むのではないか、最初からパッと決めちゃえとなり、政治や民主主義の良い面をなくしていくかもしれません。

オンライン熟議を活用すると

たにぐち　ずいぶん悲観的ですね。

田村　悲観的なシナリオも含めて、検討してみようということです。では、ここまでの話をおいて、こんどは情報化社会でどうやって熟議は可能になるのか、ポジティブな側面を考えてみましょう。

一つめには、オンライン熟議をどんどん活用しよう、という考え方があります。これはさっき話題に出たミニ・パブリックスを、従来はリアルに集まっていたものをオンラインでできるようにするということです。日本での実験的な試みとしては、東京工業大学の坂野達郎先生が、高レベル放射性廃棄物の処分方法について、オンラインで討論型世論調査をしました。[5]

オンラインで熟議すると、人びとを集めるための時間的、物理的、経費的なコストを軽減できます。全国レベルで無作為抽出した対象者を東京に呼び集めるというコストを減らせる。それから、リアルに集まって討議をするとき、多くの場合は土日しか時間がないため、最後はやや強引に意見を集約することになってしまう場合があります。そこをオンラインにすれば、考える時間が増えて、その分だけ熟議に重要な正当性や反省性を確保できるかもしれません。

他方で、インターネットのアクセスの有無やスキルの差、またオンライン熟議では関心の低い人が参加しづらくなるという指摘があります。

もう一つ、自分の経験上、気にしていることなのですが、オンラインの場合、感情的な側面や身体感覚が欠如していることが、どう影響を及ぼす

5　日本学術会議社会学委員会討論型世論調査分科会「高レベル放射性廃棄物の処分をテーマとしたWeb上の討論型世論調査」二〇一六年八月二四日（http://www.scj.go.jp/ja/info/kohyo/pdf/kohyo-23-h160824-2.pdf）。

のかが未知数です。熟議は理性的な討論と言われていますが、感情に基づく主張もある程度は大事です。しかし、オンラインでそういう側面を担保できるかというと、電話で話しているとき以上に距離感を感じるように思うのです。コミュニケーションのうち表情やしぐさを見て、リアルに感じている側面が、画面を通すことでどうなるか、少し気になっています。

シシド　人びとが、一堂に会さなくてもコミュニケーションできるようにする、という形での活用例ですね。

情報集約をより有意義に

田村　二つめの情報技術の活用例は、「情報集約の下での熟議」です。熟議そのものに情報技術を使うというよりは、情報技術を使って集めた情報を基に熟議する、ということです。

水谷瑛嗣郎《えいじろう》さんによれば、多摩市長選挙に立候補した松田道人さん[6]に授業内講演をしてもらったとき、市議会の議事録をＡＩに読み込ませて頻出ワードを可視化し、多摩市にどのような問題があるかを抽出する、という

6　「人工知能が多摩市を変える」をスローガンに二〇一八年多摩市長選挙に立候補し、予算編成や市営バス路線の自動化などにＡＩを活用することを訴えました（落選）。

話が印象に残ったそうです。水谷さん曰く、こうした問題発掘・抽出にこそＡＩの利用価値を見出すことができるかもしれないと。[7]

例えば、先程お話ししたミニ・パブリックスでは、議題となっている問題の専門家たちによる情報提供やレクチャーの時間を設けたり、事前に資料を渡して勉強してもらったりします。そういうときに、もっと情報技術を積極的に活用できるかもしれないということです。

たにぐち　教育分野への情報技術の活用で言えば、一つめの例は遠隔授業、二つめの例はＡＩがテスト結果を分析し、一人一人の理解度に応じた教材を提供する、といったところでしょうか。

思いがけない意見と出会うために

田村　はい。これに対して三つめは、言いたいことははっきりしているのですが、どう具体化するのかはまだわかりません。情報技術を使って、「セレンディピティ」の機会を創出し、熟議が荒れないようにする、という話です。

7　水谷瑛嗣郎「ＡＩと民主主義」山本龍彦編著『ＡＩと憲法』日本経済新聞出版社、二〇一八年。

ネガティブ面		ポジティブ面
・デイリー・ミー 個人の好みに応じた情報のカスタム化 **・集団分極化** 集団化することで、より極端な意見を持つようになる **・政治的なシンギュラリティ** 道徳や政治の判断をコンピュータやAIに任せる **・集合的な次元の消失** 「私たち」から「私」の問題へ	**VS.**	**・民主主義の効率化** **・オンラインでの熟議** オンラインによる熟議にかかる物理的なコストの削減 **・情報集約の下での熟議** 情報技術の活用による判断材料の提示 **・セレンディピティ** 情報のランダム化と、思いがけない情報に触れるためのナッジの導入

図表3－1　情報化（インターネット）の民主主義に対する正負の影響

ここでのセレンディピティとは、思いがけない出会いの機会の重要性、といったくらいの意味です。民主主義にとってのその重要性は、キャス・サンスティーンがしばしば強調しています。[8] その他にも、例えば東浩紀さんが旅の効用を提唱するのも、セレンディピティの観点からと言えます。[9] 東さんによると、我々は、日ごろのネット使用では、いつも同じ検索ワードを使っていて、その結果、およそ同じような情報にしか接することができません。旅は、このような状況を変えます。旅先での経験で、ふだんとは違う検索ワードを使用す

8　キャス・サンスティーン、伊達尚美訳『#リパブリック――インターネットは民主主義になにをもたらすのか』勁草書房、二〇一八年など。

9　東浩紀『ゲンロン0　観光客の哲学』ゲンロン、二〇一七年。

ることで、思いがけないものに出会い、世界が広がるのです。[10]

このセレンディピティの確保のために情報技術を用いることができれば、そのことが熟議の活性化にも貢献するかもしれません。つまり、情報の各個人へのカスタマイズのためにではなく、むしろ受け取る情報をあえてランダム化するために情報技術を用いるのです。

シシド　セレンディピティを確保するための具体的な方策については、どのように考えていますか。

田村　私自身は、現時点では、あまり踏み込んだことを考えることはできていません。ただ、私が「熟議のためのナッジ（nudge）」と言ってきたことは、関係すると思います。

ナッジとは、先程のサンスティーンや経済学者のセイラーが主唱している概念で、「選択の自由」を確保しつつ、その中で特定の行動を推奨するような仕組みのことです。彼らは、公共政策にナッジという仕掛けを埋め込むのがいいと言っています。[11]

たにぐち　軽く肘で突く、というのがもともとの意味で、特定の行動を取

10　東浩紀『弱いつながり――検索ワードを探す旅』幻冬舎文庫、二〇一六年。

11　リチャード・セイラー／キャス・サンスティーン、遠藤真美訳『実践 行動経済学――健康、富、幸福への聡明な選択』日経BP社、二〇〇九年。

らせるきっかけをそっと与える、というイメージですね。[12]

田村　サンスティーンが述べるように、外出したとき、公園や道路など、人びとが自由に使える場で演説をしていたりデモをしていたりするのを見て、公共的な問題を知るきっかけになるというのが、リアルの世界でのセレンディピティです。インターネットやＳＮＳでも、これもまた、サンスティーンが主張するように、熟議をするドメインを作るとか、ＳＮＳで「いいね！」の他に「反対！」ボタンを作ったり、ある話題について投稿したときに「セレンディピティボタン」を押すと、思いがけないところから別の意見が発見されてきて表示されたりと、そういう公共フォーラム化する仕組みを作る、ということです。

一般意志か、新しいロビイングか

シシド　最初は、情報技術の発達が民主政治にプラスになるとは限らない、というお話でした。これに対して、今うかがった三つは、情報技術を利用して熟議を促進するための仕掛けのお話です。情報化と民主政治の関係の

12　納税通知に「あなたの地域では、ほとんどの皆さんが期限内に納税されています」という趣旨の一文を付け加えたら、納税率が飛躍的に上がった、などという実例が知られています。

長短を比較するというよりも、少しレベルの違う話のように聞こえたのですが。

田村　まさにそれが、最後に申し上げたい論点です。情報化が進んでも、なおも熟議は必要なのだろうか、あるいは、そもそも民主主義は必要なのだろうか、というお話に進みます。

東浩紀さんは著書『一般意志2・0』（講談社、二〇一一年）の中で、「民主主義2・0」を提唱しています。具体的に言うと、議会の審議をインターネットで中継して、市民がリアルタイムでコメントできるようにすれば、議員はモニターで市民の反応を見て、それに従うのでも、無視するのでも、市民の視線を意識したうえで行動するので、政治家・議員のレベルでの反省性は確保される、という話です。

これが熟議に貢献するのかというと、一概には言えません。「なんだ、お前」とか「そんなことも知らないのか」などと非常に強い言葉でコメントされると、いくら肝っ玉の太い政治家でも、多少なりとも響くところはあるでしょう。しかし、それを「熟議」と言えるでしょうか。「生の世論」（フィシュキン）[13]を伝えることは、熟議ではありません。また、そういう形でネット上に表れる反応は、一般意志というよりも、むしろ伝統的な意味での利益表出というか、ロビイングや圧力行使の新たな形なのかもしれません。

つまり、熟議からはだいぶ遠いと言いたいのですが、しかし、こういう仕組み自体はあり得ると思います。情報化社会のさまざまな仕組みによって、技術的には、できるだけ多くの人びとの意見を捕捉したり、政策決定者に伝えたりすることが可能になっています。だとすると、それに加えて、熟議が必要な理由は一体どこにあるのかは、かなり厄介な問題です。

たにぐち　人びとの熟議を経ずに、情報技術を活用して、民主政治をアップデートしようという構想ですね。

「熟議は要らない」はあり得る

田村　あり得るシナリオとして、三つ考えてみました。

シナリオ①は、もはや熟議は要らない、というシナリオです。私がそう

13　ジェイムズ・S・フィシュキン、曽根泰教監修、岩木貴子訳『人々の声が響き合うとき――熟議空間と民主主義』早川書房、二〇一一年。

考えているわけではありませんが、こうしたシナリオもあり得るということです。情報化は人びとの熟議を不要にするばかりか、政治そのものも人工知能による括弧付き「政治」に置き換えられて、そもそも「政治による集合的決定」が必要なくなるかもしれません。熟議も、議会も、政治家も存在しない、我々が思い描いているのとは別の「政治」が、ひょっとしたらあるのかもしれません。

これが良いか悪いかと言われると、良い感じはしませんが、なぜ悪いのかは、実は言いにくいのです。差し当たり、それを人びとが受け入れるかどうかが鍵になる、と言っておきます。便利だし、政治なんか面倒くさくて、関心ないのだから「それでいいんじゃね？」みたいな話になってしまうと、短期的には議員を減らして、最終的にはＡＩで限りなく置き換えてしまう、ということになるかもしれません。

シシド　治者と被治者の自同性[14]という民主政治の前提自体が揺らぎますね。人工知能を研究している人たちの多く、特に、社会実装に関心がある人たちは、このシナリオを現実化することまでは視野に入っていないようです

14　統治するものと統治されるものが同じ、交代可能であること。

が。

田村　そこで、もう少しましなシナリオ②ですが、データを基にした熟議はあり得るのではないか。先程申し上げた情報集約の下での熟議のイメージです。スーパー・コンピュータなりＡＩなりは、とにかく情報を集めることにかけては天下一品である、と。それを基にして熟議ができると考えれば、むしろ良い役割分担、分業という話になるかもしれません。市民討議会やミニ・パブリックスの話をしましたが、もちろんこれは国会だって可能かもしれません。

なぜ今、熟議が必要か

たにぐち　①熟議は要らない、②熟議するための役割分担、と来ると、シナリオ③は……。

田村　私は熟議民主主義論者なので、もちろん三つめは、情報社会化が進むほど熟議が必要になる、というシナリオです。根拠は三つあります。

一つめは、情報社会化により、熟議は不可避的に必要になるという理由、というか理屈です。熟議を可能にするナッジを導入すると言いましたが、そういうナッジを設計する人がいるということは、その設計・導入段階での熟議がそもそも必要になる可能性があります。

ビットコインについての坂井豊貴さんの議論が参考になります。坂井さんは、ビットコインには確固とした管理主体はないが、コミュニティがあって、人がビットコインの仕組みを決めている部分があると述べています。[15]もちろん、そこにいる人びとというのは、特定の政党に所属しているとか、公的な立場にいる人ではありませんが、こうした人びとが合意を形成し、ビットコインを運営・管理するための自治をしている、と言うのです。この見方を参考にすると、情報化の仕組みをどんどん高度化すればするほど、そうした仕組みを取り決める人びとは必ず存在し、その限りで人間による熟議は必要になる、という話です。

二つめは、民主主義とは単なる自由な意見の表明とその集約ではないと考えるならば、情報社会化は熟議を必要とするだろう、という見方です。自由な意見の表明とその集約ではないという民主主義観は、いろいろあり

15　坂井豊貴『暗号通貨VS.国家——ビットコインは終わらない』SB新書、二〇一九年。

小

熟議の役割の大きさ

①熟議なし

議会・政治家・人びとの熟議を通じた「政治による集合的決定」ではなく、コンピュータやAIによる「政治」・意思決定へ置き換えた社会

②情報集約されたデータに基づく熟議

テクノロジーと人間の役割分担・分業した社会
コンピュータやAIは、無数の情報から情報集約を行う
人間はその情報をもとに熟議を行う

③熟議の役割が大きくなる社会

Ⅰ情報化の仕組みを決めるための熟議
Ⅱ公共的な意見や集合的な利害を生み出すための熟議
Ⅲ新たな政治形態としての分権化・多元化と熟議レベルを超えた熟議のあり方

大

図表３－２　情報化によって起こり得る熟議の３つのシナリオ

得ます。

例えば、多くの熟議民主主義論者は、民主主義とは単に個別的、私的な利害の集約ではなくて、公共的な意見をつくり出すことだ、と考えます。人びとは私的に自由であるだけではなくて、コミュニティや政治体を形成し、維持し、支えるような、ある種のコミットメント、義務、責任を伴うという、古代ギリシャに近い共和主義的なイメージを持つ人もいます。さらに、

民主主義は複数の集団的・集合的利害をベースにしてこそ成り立つという、二〇世紀政党民主主義的なイメージを持っている人もいます。

熟議には、これらの見解が想定しているもの、つまり公共的な意見、コミットメントの感覚、集合的な利害を生み出す可能性があります。もしそうだとすれば、どれほど情報化が進んでも熟議は必要だ、ということになるでしょう。

三つめとして、もしかすると情報化が進むことによって、政治が分権化・多元化していくかもしれないが、そのときに熟議は生き残るかもしれない、ということを考えてみました。

暗号通貨（ビットコイン）がそうであるように、情報化が、国家や政府をすり抜けるような形での人びとの交流や交通、コミュニケーションを生み出すとすると、情報化の進展は、国家レベルでの民主主義とは似ても似つかぬような政治の形態を拡げていくのかもしれません。

冒頭で、熟議というのは制度ではなく、コミュニケーションの一様式であると申し上げました。ですから、熟議は国家レベルでもあり得ますが、それ以外の市民社会とか公共空間にもあり得ますし、私的空間とか、親密圏と呼ばれる空間でもあり得ますし、もちろん国家を超えたところ（トランスナショナル）でもあり得ます。そうすると、情報化の先にある新しい政治形態に熟議が組み合わさることも、必然ではないけれども、あり得ないとも言えないと思います。

＊　＊　＊

熟議の主体が替われば

たにぐち　第1章で、真実と見紛うほどにフェイクニュースを仕立てる技術が発達している、という話がありました。これと同じで、熟議民主主義なんて迂遠なものは要らない、という人たちがハイテクを実装するより前に、熟議民主主義論を掲げるサイドがハイテクを使わなければならない、そういう段階に来ているように思います。

シシド　これまでの熟議が実現できなかった問題を、情報化が解放する側面もあります。例えば、障害があって喋《しゃべ》れないとか、寝たきりのままであるとか、そういう人びとが熟議に参画できるようになるかもしれない。また、私のように正しいけれどダラダラまとまらない話をする人は、たにぐちサンのように理路整然と簡潔に話をする人に投票では勝てないけれど……。

たにぐち　理路整然と簡潔に間違いを話す？（笑）

シシド　ものの喩えです。コミュニケーションのモードが違えば、結論も変わるかもしれません。田村さんが最後に言っていたことに関連付けると、国境を超えた専門家同士、あるいは東京都とカリフォルニアの人が話し合って決着すれば、世の中良くなることもたくさんあるのではないでしょうか。そういった熟議の主体なり、レイヤー（層）を組み替えることも情報化は可能にするのではないでしょうか。

たにぐち　地域レベルであれ、超国家レベルであれ、さまざまなレイヤーで熟議が行われるとき、そのプラットフォームは誰が提供するのでしょうかね。今回の話の流れからすると国ではなさそうだし、大学というのも「言うは易し、行うは難し」でしょう。あとGoogleは……。

シシド　それは洒落《しゃれ》にならない話で、生活に関する重要で公的な事柄については私たちが提供するこのプラットフォームで決めませんか、などというサービスを、もしGoogleが各国に提供したら、世界中で同時に革命が起きますよ。本当に起こります。

本章のポイント

◎　熟議とは、互いに理由や根拠を述べながら（正当性）、場合によっては自分の意見や選好を見直すこともあり得る（反省性）話し合いのこと。

◎　情報化が熟議を阻害する可能性。「私たちの問題」という集合的な意識が失われたり、民主主義における話し合いの要素が軽視されるようになったりするかもしれない。

◎情報化が熟議を促進する可能性としては、オンライン熟議、熟議に向けた情報集約におけるテクノロジーの活用、セレンディピティ（思いがけない意見に出会う）の機会創出などが考えられる。

◎情報社会化が進むほど熟議はいっそう必要になることもあり得る。

第4章　新しい公共空間という可能性——討論型世論調査の巻

輿論を測る試み

シシド　前章では、情報社会化、電子化が熟議民主主義を深化させるのかを、理論的に考えてみました。

たにぐち　次は、熟議民主主義の具体的な活用、社会実装を試みている人から、将来展望を聞きたいですね。

シシド　いろいろな試みがありますが、もっとも大規模なのは、討論型世論調査ですね。福島第一原発事故を受け、二〇一二年に行われた「エネルギー・環境の選択肢に関する討論型世論調査」は、大きな関心を呼びました。

たにぐち　二〇三〇年の原発依存度をどうすべきか、〇%、一五%、二〇～二五%という選択肢が用意されており、「政府は一五%シナリオを本命と考えていて、どうせそこに落ち着くのだろう」という予想が多く見られたところ、討論の結果、逆に〇%シナリオ支持が増えたことに驚かされました。

シシド　輿論（よろん）と世論（せろん）は違う、という説があります。[1] 輿論は十分な情報を基に熟慮した上で形成される意見であるのに対し、世論はそのときどきの感情、空気のようなものだそうです。この区分に従えば、討論型世論調査は、通常の「世論」調査とは異なる、「輿論」を測る試みと言えるかもしれません。

たにぐち　日本で討論型世論調査の実践をリードしてきたのは、慶應義塾大学の曽根泰教名誉教授です。今日は、曽根研究室の大番頭として数々の

1　佐藤卓己『輿論と世論——日本的民意の系譜学』新潮選書、二〇〇八年。

調査を担当してこられた、日本大学教授の柳瀬昇さんにお話をうかがいましょう。

＊　＊　＊

選好集計モデルと熟慮・討議モデル

柳瀬　民主主義にもいろいろな考え方があります。ロバート・グッディンによれば、二〇世紀の民主主義理論は、三つの波として発展してきました。

第一の波がヨーゼフ・シュンペーターやロバート・ダールに代表されるようなエリート民主主義です。例えば、経済学者シュンペーターは「民主政治というのは、選挙の際に利益集団同士で繰り広げられる国民の投票、これを獲得するための単なる競争的な闘争にすぎないのだ」と述べました。

この第一の波に反発して起こった第二の波が、参加民主主義です。ジェーン・マンスブリッジやキャロル・ペイトマンによれば、直接民主主義こそが民主主義の本質だと言います。彼女らは、政治参加は選挙以外のさまざまな場面で行われるべきだと主張し、重要な政策争点をめぐる住民投票などの直接的な参加を高く評価します。

そして、それに続く第三の波こそが、私が信奉しているところの討議民主主義です。

たにぐち　熟議民主主義ではなく、討議民主主義ですか。

柳瀬　Deliberative democracy について、私は、普段は「討議民主主義」という訳語を用いていますが[2]、「熟議民主主義」という訳語のほうが普及しているので、以下では「熟議民主主義」という言葉を使うことにします。

シシド　エリート民主主義と参加民主主義は、代表制民主主義と直接民主主義の対比でわかりやすいのですが、熟議民主主義のキモはどこにあるのでしょう。

柳瀬　重要な視座の一つが、アイリス・ヤングらが提唱してきた選好集計モデル（aggregative model）と熟慮・討議モデル（deliberative model）の区別です。

2　その理由として、柳瀬昇『熟慮と討議の民主主義理論――直接民主制は代議制を乗り越えられるか』ミネルヴァ書房、二〇一五年。

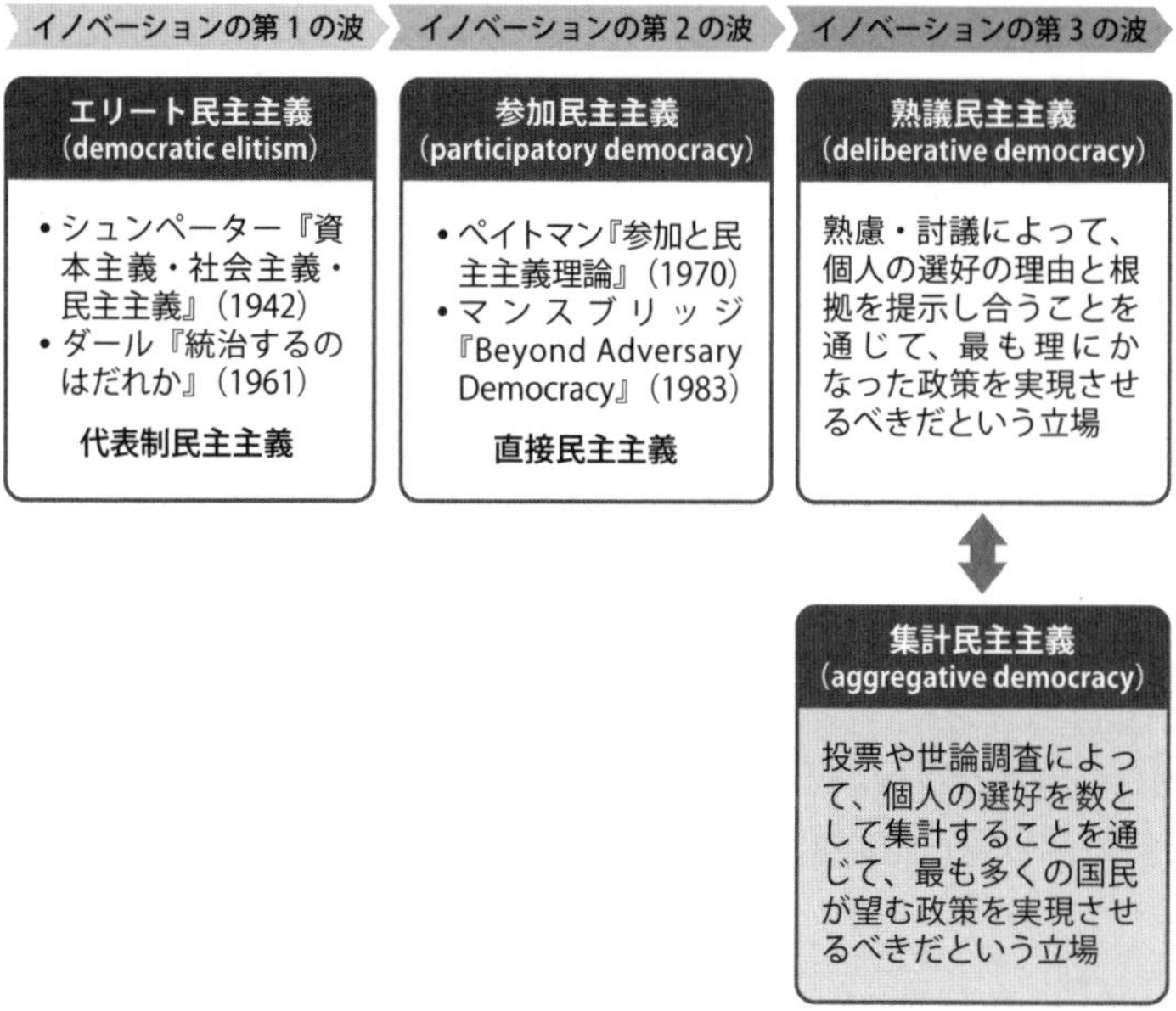
イノベーションの第1の波
イノベーションの第2の波
イノベーションの第3の波
エリート民主主義
（democratic elitism）
•シュンペーター『資本主義・社会主義・民主主義』（1942）
•ダール『統治するのはだれか』（1961）
代表制民主主義
参加民主主義
（participatory democracy）
•ペイトマン『参加と民主主義理論』（1970）
•マンスブリッジ『Beyond Adversary Democracy』（1983）
直接民主主義
熟議民主主義
（deliberative democracy）
熟慮・討議によって、個人の選好の理由と根拠を提示し合うことを通じて、最も理にかなった政策を実現させるべきだという立場
集計民主主義
（aggregative democracy）
投票や世論調査によって、個人の選好を数として集計することを通じて、最も多くの国民が望む政策を実現させるべきだという立場

図表4－1　民主主義のイノベーションに関する3つの波

選好集計モデルは、人びとの選好を集計し、より多くの国民が望んだ政策こそが実現されるべきだと考えます。このモデルの下では、民主的な政治過程とは、私的選好・私的利益の競争過程と捉えられます。人びとの選好は不変であり、政治は、それぞれの選好を歪めることなく、いかに効率的に、かつ公正に集計できるか、を探求します。

一方、熟慮・討議モデルでは、民主政治の参加者は、問題解決のためにさまざまな提案を行い、そして他者を説得するべく議論を展開させます。個人の選好は変わり得るということを前提にして、対話を通じて、ある提案は吟味され、あるものは拒絶され、また、あるものは洗練されます。そして、どの選好が最も多くの支持を得たかではなく、最も理にかなっていたのかによって、決定に到達するべきだと考えます。

代表制民主主義に熟議を埋め込む

たにぐち　熟慮・討議モデルにおける民主政治の参加者とは、有権者を念頭に置けば良いのですか。

柳瀬　それに関しては二つの理論潮流があります。私は、議会や裁判所など公式の立憲的制度における熟議の意義というものを重視したいという立場です。

これに対して、市民社会における熟議だけが熟議民主主義だという立場もあります。

我が国において熟議民主主義という言葉をある種の流行語にした政治学者の篠原一が、参加民主主義と熟議民主主義とは重なるものと紹介したため[3]、市民社会における熟議だけが熟議民主主義なのだというふうに思っていらっしゃる方もいます。

それが間違いだと言うつもりはありませんが、本来、熟議民主主義は、国民投票などの直接民主制的な制度を礼賛する参加民主主義への対抗理論でもあって、参加民主主義の兄弟ではありません。熟議民主主義という言葉が初めて用いられたのは、ジョゼフ・ベゼットによるアメリカ合衆国の議会研究であったことからも示されるように、もともとは議会などの公式の立憲的政治制度における熟議を重視することこそが、熟議民主主義の本

3　篠原一『市民の政治学——討議デモクラシーとは何か』岩波新書、二〇〇四年。

流と考えるべきでしょう。

シシド　なるほど。既存の代表制民主主義を迂回ないし補助するのではなく、代表制民主主義自体に熟議を埋め込むのですね。

柳瀬　はい。私が特に強調しておきたい点は二つあります。

一つは、民主政治にとって熟議が重要というのであれば、公式の立憲的制度をもっと信頼し、鍛錬していくべきだ、ということです。議会における審議も、裁判所における評議も、英語で表記すれば deliberation です。

憲法学者であるキャス・サンスティーンは「アメリカ合衆国憲法は、熟議的な民主政治を創造するべく制度設計されている」と言っています。[4] 選挙によらない上院議員の選出方法、議会における二院制、大統領の間接選挙、裁判所による違憲審査制度など、一見すると必ずしも民主的とは言えないような憲法上の規定であっても、実は、すぐれて熟議民主主義的な仕組みである、と主張します。憲法起草者の意思は、人びとの利己的ないしは党派的なむき出しの選好（naked preference）による統治ではなく、熟議に基づく民主政治を志向していた、と言うのです。

4　Cass R. Sunstein, *The Partial Constitution*, Harvard University Press, 1993.

たにぐち　あの、討論型世論調査から話が遠ざかっているような気がします。

柳瀬　いえいえ。ここで市民が登場します。ここまでの議論から示唆されるように、市民社会における熟議というのは、単に人びとが話し合えばよいというものではない、ということが、私が強調したいもう一つの点なのです。

自分と同じ意見を持つ者同士で集まって話し合っても、自分と異なる意見に接しなければ、議論を深めていくことは困難です。集団極性化(group polarization)してしまうおそれもあります。公共政策を決定する際の基礎となるべき熟考された選好を形成するための民主的な熟議の実現には、実はいろいろと工夫が必要なのです。

たにぐち　なるほど。そこで……。

柳瀬　ご紹介するのが、討論型世論調査(Deliberative Polling)です。これは、通常の世論調査とは異なり、人びとの直感的な意見を調査するのではなく、十分な情報に基づき熟慮し、他者と討議をして、議論を経て形成された意見を調査しよう、というものです。政治学者のジェイムズ・フィシュキンが考案して、一九九四年に英国で最初の実験が行われて以降、世界中で七〇回以上も実施されています。[5]

討論型世論調査のやり方

シシド　改めて、討論型世論調査の詳しいやり方をご説明願えますか。

柳瀬　討論型世論調査は、通常の世論調査と討論フォーラムの二つから構成されます。

　まず、母集団から無作為抽出して、議題となる政策課題について世論調査を行います。次に、この調査の回答者の中から、討論フォーラムの参加者を選定します。一般的なワークショップなどとは異なり、参加者を公募せずに、無作為抽出を基礎として参加者を募るため、市民運動などに積極的に参加しようとする市民層ではない、より一般的な人びと、いわゆるサイレント・マジョリティの意見を捉え得る点が特徴です。討論フォーラムの参加者には、議題について簡潔にまとめた資料を事前に送付し、あらか

5　ジェイムズ・S・フィシュキン、曽根泰教監修、岩木貴子訳『人々の声が響き合うとき――熟議空間と民主主義』早川書房、二〇一一年。

じめ読んでおくよう依頼します。

　討論フォーラムでは、金曜日の夕方から日曜日まで、一つの会場に参加者を集めるのが基本形です。最初に、議題について討論前のアンケート調査を行います。続いて、参加者は、一五人程度の小グループに分かれて九〇分間議論を行います。その後、全体で集まり、専門家に対して参加者が

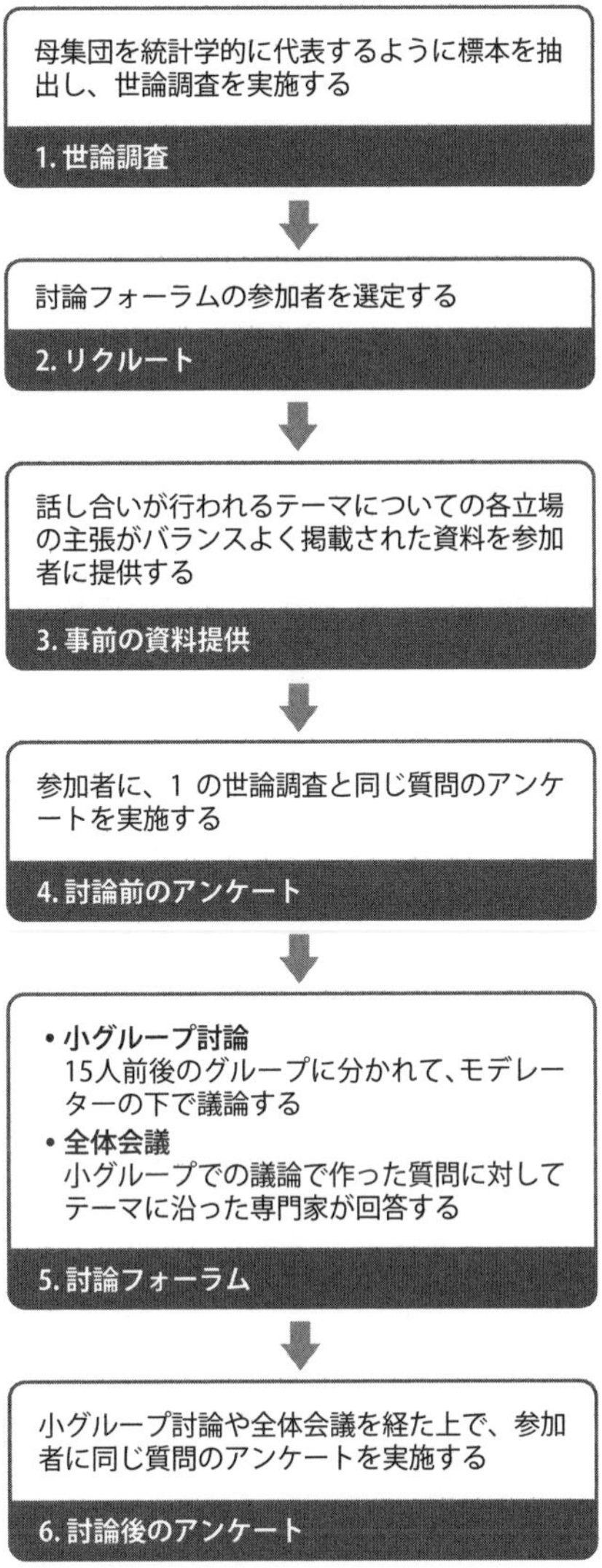

母集団を統計学的に代表するように標本を抽出し、世論調査を実施する
1. 世論調査
討論フォーラムの参加者を選定する
2. リクルート
話し合いが行われるテーマについての各立場の主張がバランスよく掲載された資料を参加者に提供する
3. 事前の資料提供
参加者に、1 の世論調査と同じ質問のアンケートを実施する
4. 討論前のアンケート
• 小グループ討論
15人前後のグループに分かれて、モデレーターの下で議論する
• 全体会議
小グループでの議論で作った質問に対してテーマに沿った専門家が回答する
5. 討論フォーラム
小グループ討論や全体会議を経た上で、参加者に同じ質問のアンケートを実施する
6. 討論後のアンケート

図表4－2　討論型世論調査の仕組み

質疑をする場を九〇分間設けます。専門家同士での議論は行いません。

この小グループ討論と全体会議を複数回繰り返して、最後に、討論前のアンケート調査と同様の調査を行います。そして、最初の世論調査から討論後のアンケート調査までの三回の調査で、参加者の意見の変化を見ることで、そこから情報獲得や討論が参加者の意見形成へ与えた影響を分析できます。

なお、利害関係者など議題に強い関心を持つ人、無償でも来てくれるような利他的な活動を積極的に行おうとする意思の強い人、あるいは社会的富裕層ばかりにならないように、参加者には、交通費や謝礼等を支払います。

公的年金制度をめぐる調査

たにぐち　柳瀬さんが携わられた討論型世論調査は、どのようなテーマでしたか。

柳瀬　フィシュキンが所長を務める、スタンフォード大学熟議民主主義研究センター公認の討論型世論調査は、日本では二〇〇九年からこれまでに七回行われています。そのほとんどについて、私は企画・運営を担当してきましたが、このうち二つをご紹介します。

一つめは、二〇一一年に実施した、公的年金制度のあり方をめぐる討論型世論調査です。これは、科学研究費補助金による助成を受けて、曽根教授とともに行ったもので、日本で初めてフルスペックで実施した討論型世論調査です。

まず、朝日新聞社の協力を得て、日本全国から三〇〇〇人を対象に世論調査を行いました。その回答者から三〇〇人を集めて討論フォーラムを開催する予定だったのですが、調査期間中に東日本大震災が発生して、大変な状況でした。何とか、北海道から沖縄まで、若者からお年寄りまで一二七人の参加者を得て、五月に二泊三日の討論フォーラムを開催しました。

たにぐち　十数名のゼミ合宿を引率するだけでも大わらわなのに、百名規模、しかも東日本大震災後というのはさぞご苦労だったでしょう。それで、結果はいかがでしたか。

柳瀬　主な論点は二つありました。調査結果は、図表4－3、図表4－4のとおりです。

第一に、基礎年金部分について、保険料納付に基づく現行の社会保険方式を維持するべきか、それとも保険料ではなく全額税方式にするべきか。何も情報を持っていない世論調査の段階では、全額税方式への移行に反対の意見が半数を超えていました。しかし、資料を読んで、論点を理解した討論前の段階では、全額税方式への反対は減りました。そして、参加者同士で議論をし、年金問題などの専門家との質疑応答を経た段階では、賛否が逆転しました。これは、税負担への抵抗感が緩和されたためだと思われます。

第二の論点は、公的年金制度の財政方式について、自分の納めた保険料を現在の年金給付に使う現行の賦課方式を維持するか、それとも自分が納めた保険料を自分の将来の年金給付に使う積立方式にすべきかについてです。現行制度への不信感から、当初は七割の回答者が積立方式を支持し、現行制度を支持したのは一割程度しかいませんでした。しかし、資料を読み、理解を深め、議論を通じて検討することによって、賦課方式と積立方式の支持率はほぼ同じになります。[6]

十分な情報に基づく世代を超えた一般の人びとによる討議空間において、普段はあまり深く考えたことのないような難しいテーマについて、参加者

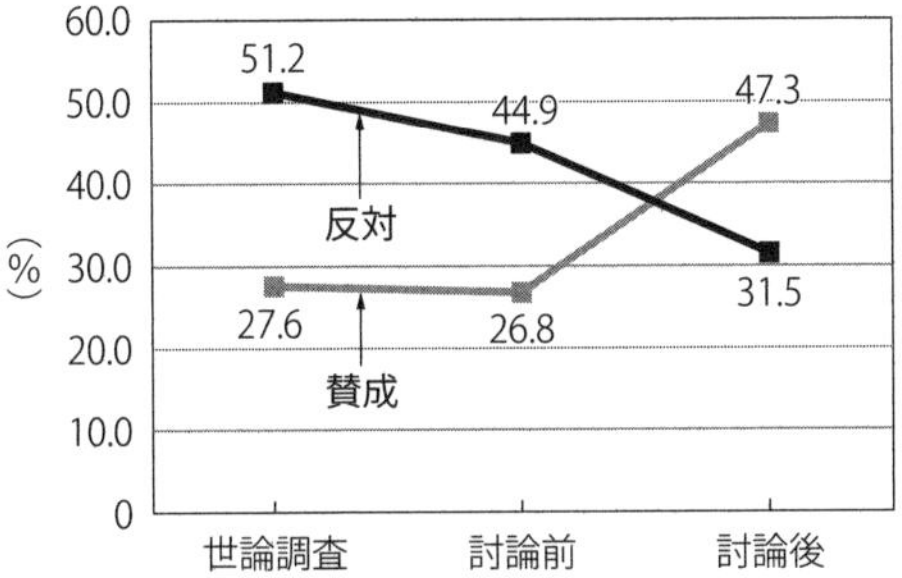

図表4－3　公的年金制度のあり方をめぐる討論型世論調査での全額税方式への移行

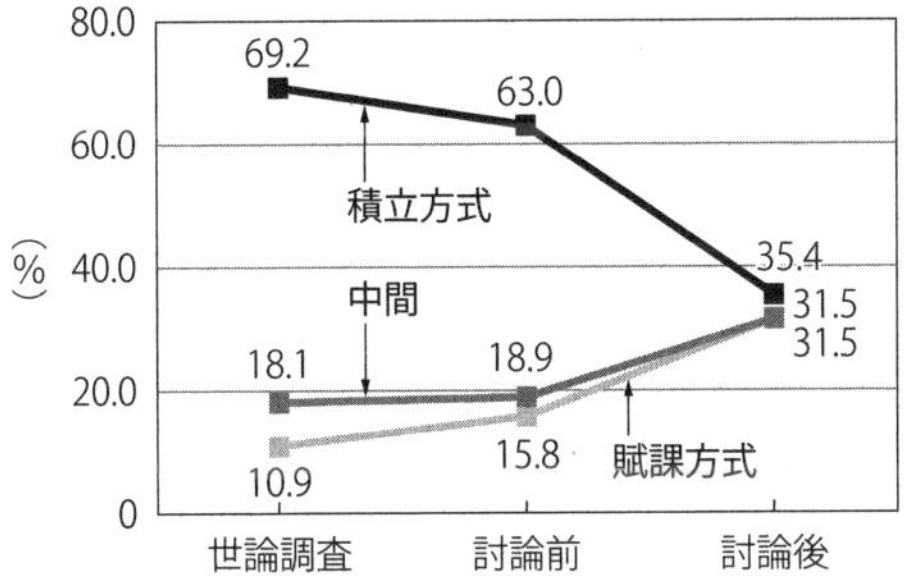

図表4－4　公的年金制度のあり方をめぐる討論型世論調査での財政方式のあり方

6　社会保険方式や賦課方式への支持を増やそうと誘導したのではありません。討論型世論調査では、参加者に事前に提供する資料の作成にあたって、バランスのとれた内容となるよう、複数の立場の専門家によるチェックを受けることや、小グループ討論のモデレータが参加者同士の議論を適切に進行できるよう、十分な研修を受けることが要請されています。

は、自己利益だけではなく、他の世代の人びとの立場に立って、じっくりと考えて議論をすることができた、と言えるのではなかろうかと思います。

エネルギー・環境政策をめぐる調査

シシド　このときの経験が、「エネルギー・環境の選択肢に関する討論型世論調査」に繋がったわけですね。

柳瀬　はい。東日本大震災後の福島第一原発の事故を受け、政府は、国民的議論を通じて、新たなエネルギー・環境政策を策定することを決めました。そのうちの一つとして採用されたのが、討論型世論調査です。内閣官房、経済産業省、環境省からの協力要請を受けて、私と曽根教授、それから環境政策がご専門の柳下正治・上智大学教授（当時）の三人で実行委員会を組織し、調査を実施しました。

全国一万二〇四八世帯を対象に世論調査を行い、回答者（六八四九人）のうち二八五人に、一泊二日の討論フォーラムに参加していただきました。調査は政府予算で行われ、国の重要政策の参考にされることが、あらかじめ政府によって定められていたものとしては、世界初の討論型世論調査でした。

たにぐち　巷《ちまた》で行われる世論調査では、抽出標本数は一〇〇〇～三〇〇〇が相場ですから、この調査の一万二〇〇〇という規模は驚きです。政府としても、相当力を入れていた様子がうかがえます。

柳瀬　主な論点は二つありました。一つは、政府がエネルギー・環境政策を決定する際に、何を重視すべきなのか。もう一つは、我が国の二〇三〇年の原発依存度をどうすべきか。この二点について議論をしてもらいました。

　第一の論点の調査結果は、一四五ページの図表４－５のとおりです。当初から安全性を重視すべきという意見は多かったのですけれども、議論をすればするほど、さらに多くなっていきました。一方で、地球温暖化防止という観点は、人びとの理解が深まるほど重視されなくなり、最終的には一％しか主張されなくなりました。もっとも、この結果については、原発事故の記憶が鮮明に残っている状況下で行われたものであるという点にも、注意が必要です。

第二の論点の調査結果は、図4‐6のとおりです。二〇三〇年の原発依存度について、原発依存度〇%、一五%、二〇～二五%という三つのシナリオが当時の政府によって示されましたが、議論をすればするほど、〇%シナリオが支持を広げました。

原子力発電については、もともと世の中の意見が賛成・反対で対立していました。特に、福島原発の事故以降は、原発維持・推進派と反原発派の意見対立が激化し、どちらか一方の意見を強く主張する方々の中には、初めから他の立場の人の意見に一切耳を傾けない、厳しい態度をとる方もいました。そのような中で、討論型世論調査は、多くの参加者が討論過程を通じて他者の意見に耳を傾け、自分と異なる立場の人の意見を理解しよう、尊重しようという意識を高めました。これは、意見聴取会やデモなどでは見られない、公共的な熟議空間です。激しい意見対立のあるテーマであっても、冷静に対話をすることは可能なのだということを示した次第です。

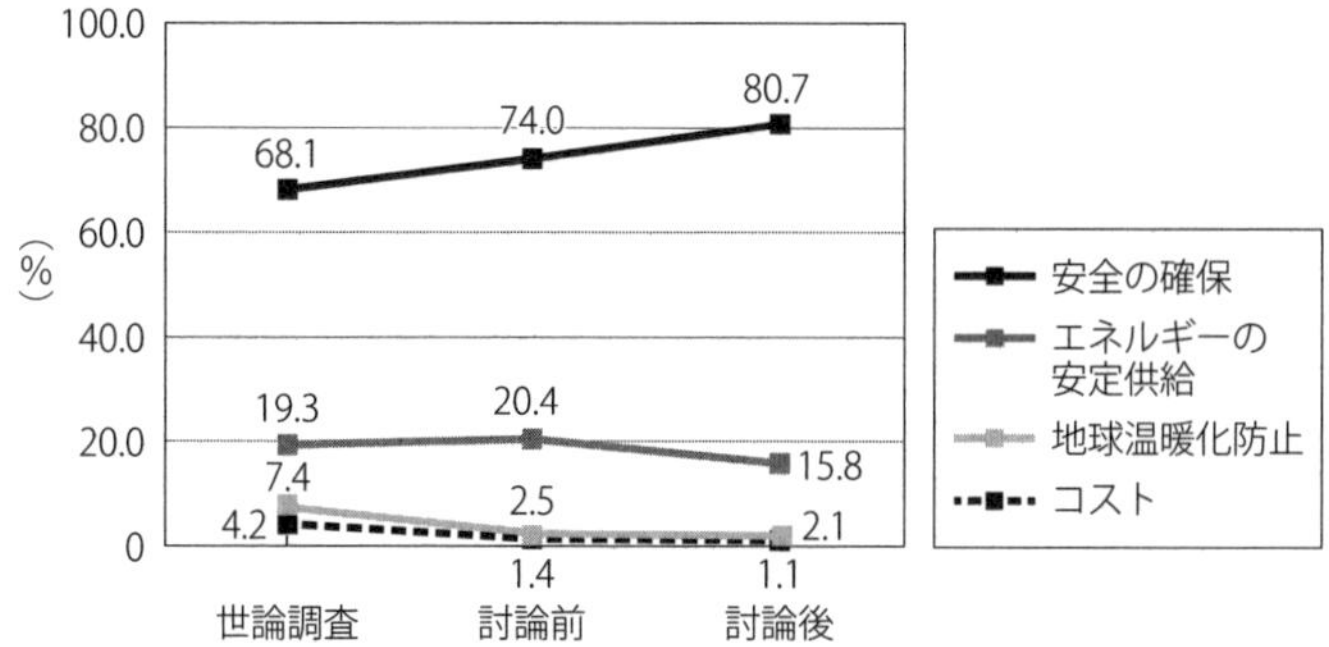

図表4－5　エネルギー・環境の選択肢に関する討論型世論調査での１番めに重視すべき判断基準

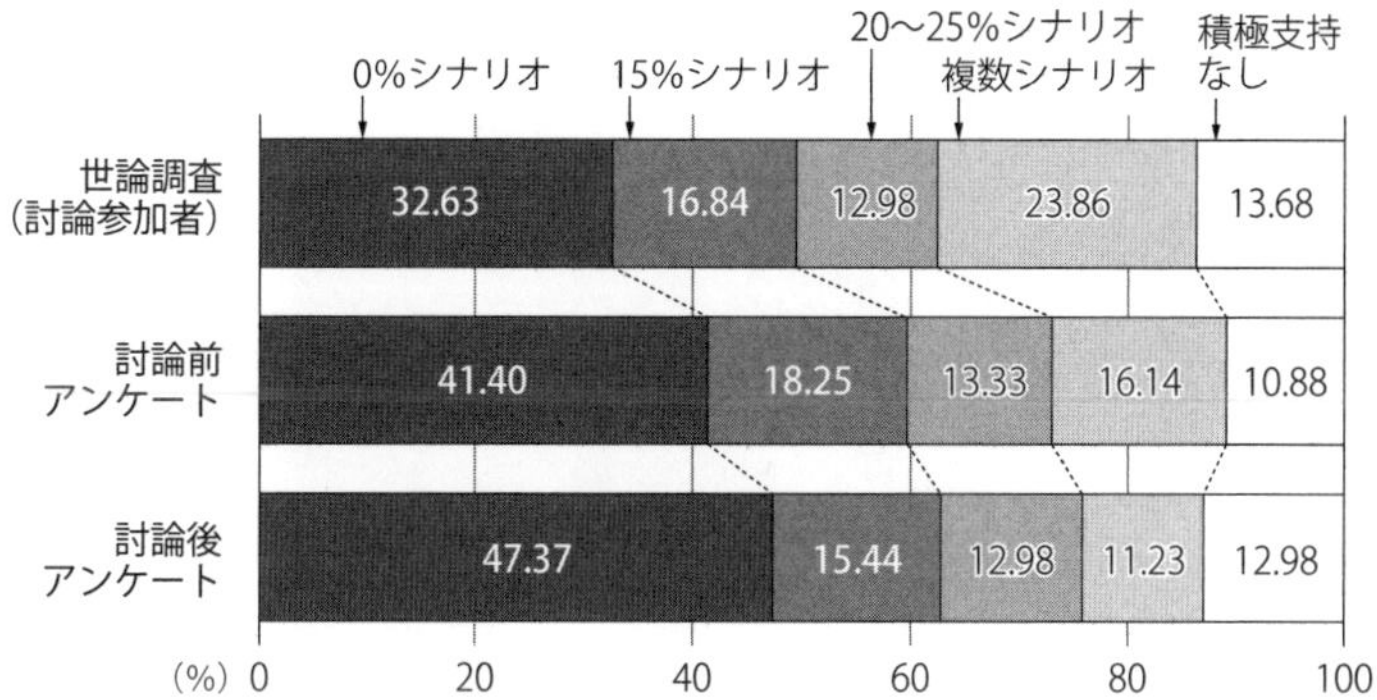

注：各シナリオの設問は以下のとおりで、各シナリオに対して「強く反対する」から「強く賛成する」までの10点尺度で参加者の意見をたずねた。
０%シナリオ「すべての原子力発電所を2030年までに、なるべく早く廃止する」
15%シナリオ「原子力発電を徐々に減らしていく（結果として2030年に電力量の15%程度になる）」
20〜25%シナリオ「原子力発電を今までよりも少ない水準で一定程度維持していく（結果として2030年に電力量の20〜25%程度になる）」
上のグラフは、最も高い点数を付けたシナリオを回答者の望むシナリオとして集計している。このうち、複数シナリオは複数のシナリオに同点がある場合を、積極支持なしは各シナリオに５点以下しか点数をつけていない場合を、それぞれ指す。

図表4－6　エネルギー・環境の選択肢に関する討論型世論調査での2030年の原発依存度の選択肢（シナリオ）の支持

ネット上での公共的熟議

シシド　討論型世論調査には大きな意義があるけれども、たにぐちサンが驚いていたように、大きな費用が掛かってしまいます[7]。情報技術を活用して、もっと手軽にできるようにならないかというのが、私たちの問題関心なのですが、柳瀬さんはどのようにお考えになりますか。

柳瀬　まず、インターネット上での公共的な議論の場の展開について、歴史をたどることにしましょう。

　インターネットが本格的に登場する以前、一九八〇年代後半にはNIFTY-Serve（ニフティサーブ）などのパソコン通信が行われていて、さまざまなことを議論するフォーラムが設けられていました。ここで注意しておきたい点は、パソコン通信上のフォーラムは、料金を払う会員だけが参加できるクローズドネットワークであったということです。

　その後インターネットが普及し、今世紀に入って、参加したい人は誰でも参加できるようなオープンネットワークの電子掲示板という仕組みが利

7　全国各地から集まる数百人の参加者の交通費、二泊三日分の宿泊費、日当、そして会場費など相当額に上ります。

用されるようになります。また、Yahoo!によるニュース配信に付加されたコメント欄も、ある種の議論空間として機能し得ると評価する向きもあります。もっとも、ニュースサイトへのコメントの投稿は通常は匿名で行われますし、ニュースの配信終了とともに削除されるため、影響力は限定的です。

たにぐち　Yahoo!ニュースのコメント欄は、多事争論というよりも、特定分野のニュースに特定方向の意見が数多く付けられます。

柳瀬　その他にも、今ではTwitterなどのSNSをはじめ、インターネット上で個人が簡単に発言できる媒体も普及しており、これらも相互参照の機能を利用すれば、ある種の議論空間を形成することは可能です。しかし、限られた文字数での議論は誤解を招きやすい。炎上してしまう危険もあります。政治家や行政機関、民間企業の多くは、SNSを議論の場ではなく、広報・宣伝手段として認識しているようです。

公共機関がインターネットを利用して民主的熟議の場を設けた例として、神奈川県藤沢市による電子会議室の取り組みに触れておきます。一九九七年に電子会議室が開設されて、市民公募による運営委員会を中心に、大学の研究室やＮＰＯとともに、当初は市が主体となって、後にＮＰＯが主体となって運営されました。

市役所の事業計画等について、市側がインターネット上に会議室を設けて、そこに市民が参加して意見を述べ合う。それを市政に反映するという試みでした。市役所側が設けたもの以外にも、市民側が主体となって意見をまとめて、市役所に提案することもできました。行政から市民に対してだけではない、双方向の仕組みがあったということです。

この制度がうまくいった理由には、おそらく二つ要因があります。一つは、会議を適切に運営するモデレーターが機能していたこと。そしてもう一つは、市役所側が市民側に対して的確に応答していたことです。

もっとも、この電子会議室は、十分に役割を果たし終えたとして、二〇一七年九月に廃止されました。

熟慮のためのツールとして

シシド　柳瀬さんの討論型世論調査を電子化するような取り組みはありませんか。

柳瀬　民主的熟議を電子化する近時の試みとして、注目しているものが二つあります。

一つめは、早稲田大学の田中愛治教授らによる、ＣＡＳＩ（Computer Assisted Self-administered Interview）方式世論調査です。母集団から無作為抽出した人を対象に世論調査を行う際、タブレットＰＣに質問票を表示し、回答を入力してもらうという方法です。[8]

その際、議題についての資料提供を経ると、結果はどのように変わるのかということが調査されました。情報を提供することによって、回答者は知識を獲得したということが明らかになったそうです。

また、最初の世論調査に回答した人を、実際に会場に集めて、資料を見せたり、先の調査結果を提供したりした上で、再び同じ内容の調査をするミニ・パブリックスを実施したところ、「わからない」と回答した人の割合が減るなどの変化があった、と言われています。

8　通常の面接調査では、調査員が質問を読み上げ、調査対象者は口頭で回答します。これに対して、ＣＡＳＩでは調査対象者は回答を自分でＰＣに入力し、その内容を調査員に知られないですむため、回答拒否や虚偽回答の割合を少なくできると期待されています。また、耳で聞くだけではわかりにくい長めの説明文を読み、よく考えてから回答してもらうことも可能になると言われています。

さらに、別の世論調査では、タブレットPCで資料を提供するだけでなく、前に行われたCASI調査の結果やミニ・パブリックスの結果を提供したりした上で、もう一度調査を行ったところ、「わからない」と答える人の割合が減ったことに加えて、提供された他の調査結果に沿う形で意見の変化が見られたそうです。[9]

たにぐち　早稲田チームは「熟議」と「熟慮」を区別している点がカギです。大勢での意見のやり取りがあるミニ・パブリックスは熟議、一人でさまざまな情報を与えられた上で調査に回答するのは熟慮。同チームの発見と討論型世論調査で明らかになった知見を比較してみるのも面白そうです。柳瀬さんの評価はいかがですか。

柳瀬　日本人は他人の意見に流されやすいことがわかっただけではないか、と批判する人もいます。けれども、調査の設計が極めてすぐれており、学術的に大きな意義があったと私は評価しています。

ただ、ミニ・パブリックスは開催されましたが、四〇人程度の小さなフォーラムを何回かに分けて行うという形でした。せっかく三〇〇人規模の

9　詳しくは、田中愛治編『熟議の効用、熟慮の効果――政治哲学を実証する』勁草書房、二〇一八年。

参加者を確保したのに、全員が一堂に会することができなかったため、参加者にとって全体の見えない小さな熟議にとどまってしまった点が残念です。

　また、田中教授らの取り組みは、紙媒体の質問紙をタブレットPCに代えたという点で「電子化」ですけれども、今日の話の文脈での電子化と言えるかどうかは、議論が分かれると思います。民主的熟議を電子化するという際に、果たしてどの部分を電子化することが重要なのかが問題です。

熟議のためのツールになれるか

シシド　熟慮ではなく、熟議のツールとしてはどうでしょう。

柳瀬　民主的熟議の電子化の取り組み例として、二つめに紹介するのは、東京工業大学の坂野達郎教授によるオンライン版の討論型世論調査です。

　通常、討論型世論調査は、住民基本台帳や選挙人名簿から調査対象者を無作為抽出して、調査員が訪ねて行ったり、調査票を郵送したりして最初の世論調査を行います。一方、坂野教授らの取り組みでは、インターネット調査会社に登録されたモニターを調査対象（一二五人）として、Web調査が行われました。この時点で、ある意味「電子化」です。

たにぐち　モニター型のインターネット調査ですね。回答者は全員インターネットユーザーであるためバイアスを生じるとか、調査対象者が無作為抽出ではないので標本誤差を計算できないという問題はありますが、最近では回答者の割り当て方法を工夫すれば無作為抽出による調査からそれほど劣らないという見方もあるようで、何よりも調査費用が桁違いに安上がりです。

柳瀬　彼らの取り組みがより電子的なのは、討論フォーラム（参加者は一〇一人）を、物理的に一つの会場に集めて行ったのではなく、Web会議システムを利用して電子的に行った点です。[10] そして、Web会議システムを利用したオンライン討論型世論調査も、通常の討論型世論調査と同様の意義があると、坂野教授は主張しています。

シシド　オンライン討論型世論調査に対する評価は？

柳瀬　坂野教授らの取り組みは、世論調査のみならず、討論フォーラムの

10　専門家や進行役は都内の映像配信スタジオに集まり、そこに参加者がそれぞれの自宅からインターネット回線経由でアクセスして、専門家に対する質疑や参加者同士の議論を行ったそうです。

電子化に挑戦したのが興味深い点です。ただ、調査対象をインターネット調査会社のモニターとして自分の意志であらかじめ登録している人、しかもWeb会議システムを完璧に使いこなせるスキルの高い人に限定している点で、一般の市民を代表するものと言えるかどうか疑問があります。そもそもモニター登録していない人にはオープンではありません。また、実際、七〇歳以上の方は討論フォーラムにまったく参加しておらず、高齢社会である日本の実態を示すものとしては、適切とは言えないかもしれません。

もう一つ、Web会議システムでの議論が、フェイス・トゥ・フェイスの議論と同じように機能するのか、より慎重に分析していく必要があります。物理的に空間を共有しない人との対話は、やはり、なかなか難しいのではないでしょうか。

オンライン討論型世論調査では、討論フォーラムの参加者にわざわざ集まってもらうわけではないので、通常の討論型世論調査よりも手間と費用を縮減できます。この点は魅力的です。ただ、本来の民主主義とは、手間と費用がかかるものなのかもしれません。

いずれにせよ、民主的熟議を実践するためにどのように公共的熟議の場をデザインするのか、私たちは、さまざまな困難な課題に直面しつつ、試行錯誤しているところです。

＊　＊　＊

新しい公共空間が生まれるか

たにぐち　ふむふむ、ムニャムニャ……。

シシド　まさに熟慮中ですか。

たにぐち　最後の部分については、だから熟議の電子化は困難と言うのではなく、間もなく解決する、あるいは既に解決しつつある、と前向きに捉えてはどうでしょう。数年前とは違って、今ならインターネット調査でも七〇歳以上の回答をふつうに集められるし、海外ではミネルヴァ大学[11]のよ

11　https://www.minerva.kgi.edu

うに、すべてオンラインでディスカッション形式の授業を行う例も出てきています。今後は普通の人でも使えるようなツールがさらに普及するはずです。

シシド　熟議あるいは熟議型の世論調査を実現するための技術的要件、情報通信技術がどうであってくれれば使えるか、という問題の立て方ですね。それからもう一つ、「身体性」の問題があります。

たにぐち　その場にいるからこそ感じられるもの（をインターネット経由では共有できない）、といった意味かな。リアリティとか、ライブ感とも言い換えられそうです。雰囲気や空気と呼ばれるものも、その一種でしょう。

シシド　情報技術を活用するとき、身体性がないのが問題だとよく言われます。しかし、フェイス・トゥ・フェイスであったり、その場の空気を共有した議論であったり、そういう議論空間に参加したくない人、あるいは自分の意見は持っているのだけれども、みんなの前で発表するのが苦手という人にとって、こうした身体性を伴わなければならぬ、という課題の立て方は、逆にバイアスにならないでしょうか。実は、バイアスの有無ではなく、バイアスの選択というか、どういう条件を組み合わせるかという話だと思います。

たにぐち　最近では、野球やサッカーの試合の中継を一人で見ているのだけれども、Twitterで「いいぞ!」とか「バカヤロー」とか、リアルタイムにコメントを共有しながら、大勢で見ているような空気を醸し出す、ビューワータリアート（viewertariat）という視聴者兼インターネットユーザーが増えているそうです。ニコニコ動画でヤジを飛ばしながら党首討論を見るのも同様です。これらをただちに公共空間とは呼べないにしても、元祖・公共圏とされる一七～一八世紀のコーヒーハウスやサロンと討論型世論調査における討論フォーラムが異なるように、新しい公共空間をデザインする、という発想がますます重要になってくるでしょう。

本章のポイント

◎　討論型世論調査とは、通常の世論調査のように人びとの直感的な意見を調査するのではなく、情報に基づき熟慮し、討議をしたうえで形成された意見を調査するもの。

◎無作為抽出による世論調査参加者の中から、討論フォーラムに参加してもらい、専門家に対する質疑や参加者間での議論をしてから再度世論調査を行い、意見の変化を観察する。

◎討論型世論調査を電子化する取り組みとして、世論調査での質問を口頭ではなく、端末の画面を通して行うことで、調査対象者に「熟慮」した上での回答を求め、「熟慮」と討論フォーラムでの話し合いを経た「熟議」の効果を比較検討した例がある。

◎別の取り組みとして、討論フォーラムを一堂に会するのではなく、インターネット回線を通じて行った例がある。

第Ⅲ部　新しい制度

第5章　ネット投票の現在——選挙の巻

選挙のやり方は変わる？

シシド　田村さんと柳瀬さんには「熟議」をキーワードに、テクノロジーが私たちの民主政治に対する関わり方にどのような影響を及ぼすかを話してもらいました。ここからの二章は「制度」に注目して、テクノロジーが代表制民主政治の制度をどう変化させうるかを考えたいと思います。まずは、選挙制度から。

たにぐち　それにしても、この前の選挙（二〇一九年参院選）の投票率はひどかった。

シシド　選挙区選挙で四八・八〇％、一九九五年に次いで二番めの低さでした。

たにぐち　消費税率の引き上げや年金制度は投票行動を左右するような争点にならなかったし、早くから与党勝利と報じられ、選挙が盛り上がりませんでした。

シシド　西日本では、投票日に大雨が降った影響もあるでしょう。

たにぐち　たしかに、投票日に雨が降っていると「面倒だなぁ」と思ってしまいます。パソコンやスマホで投票できれば良いのに、と。

シシド　電子投票ですね。二〇〇二年に電磁記録投票法が施行され、同年の岡山県新見市長・市議選を皮切りに一〇の市町村でのべ二五回電子投票を実施した例があります。ただ、二〇〇三年の岐阜県可児《かに》市議選では機器の故障が起きて選挙が無効になってしまうなど、全国には広がらず、現在電子投票を実施している自治体はありません。

たにぐち　日本の電子投票は、投票用紙に候補者名を書く代わりに、タッチパネルで投票するやり方でしょう。開票作業は楽になるけど、有権者が投票所に行かなければならないのは変わりません。

シシド　二〇〇二年にはWindowsはまだＸＰだし、スマホなんて言葉すらありませんでした。当時と今ではテクノロジーが全然違います。

たにぐち　行政手続きを原則として電子申請に統一するためのデジタルファースト法が成立したけど、選挙のやり方は十年一日のごとしですね。政府はどう考えているのか。総務省前選挙課長の森源二さんの話を聞いてみましょう。

＊　＊　＊

公正、透明、秘密を並び立たせるのは難しい

森　選挙の執行・管理なんて簡単と思われるかもしれませんが、私たちは

日々ものすごくピリピリしながら、選挙をやっております。

なぜかというと、選挙は公正・透明に行われなければいけない一方で、有権者の投票の秘密も守りながらやらなければいけない難しさがあるのです。

公正さが担保されないと、選挙そのものを無効にされてしまう。人びとの代表者がいなくなってしまうという事態をつくり出すのは、絶対に避けなければいけません。

そういうところが、投票を電子化すると危うくなる危険があります。

電子投票を公正・透明にしようということになると、万一選挙管理側の者が悪意を持っていたら、誰がどの候補者に投票したということが特定できてしまう、投票の秘密が侵害される危険があります。

他方、投票の秘密を厳格に保護するということになると、投票過程が見えなくなる。例えば、ある人が他人の干渉を受けて投票したとしても、それがわからない。あるいは、外部からの不正、妨害によって票が書きかえられてもわからない、そういうような危険性もあります。

たにぐち　選挙の公平性・透明性と投票の秘密というのはたしかにそうですが、外国と比べて日本は厳密過ぎませんか。二〇〇〇年から二〇〇二年にかけて、スタンフォード大学に留学していたのですが、投票所を見学したいと頼んだら、監視なしで投票ブースにまで入れてくれるアバウトさでした。さらに言えば、そこで採用されていた投票用紙は、悪名高いパンチカード式[1]！

森　アメリカでは、DREという直接機械で記録する電子投票に、いっときかなり切りかえられたのですが、それに対しても、誰も見ていないところで何の証拠もなく投票が行われているという不信感がありました。今ではDREを用いる場合には、VVPAT（Voter verifiable paper audit trail）といって、電子投票をするけれども、その証拠の紙みたいなものを併せて保管しなきゃいけないという形になりつつあります。もう一つ、マークシートで読み取るというのも主流になってきています。

アメリカには、すごく鷹揚なところもありまして、オレゴン州ではそもそも全部郵便投票でも良いとされています。行政事務的には楽ですけれど

1　二〇〇〇年の米大統領選挙は、共和党のブッシュ候補と民主党のゴア候補が大接戦になり、票の集計方法をめぐって訴訟合戦が起きました。混乱の原因の一つが、きちんと穴が空けられていないパンチカード（窪みができているだけだったり、穴の紙片がカードにぶらさがっていたり）をどこまで有効票とカウントするかどうか。まさかシリコンバレーのど真ん中で、そんな旧態依然とした投票用紙が用いられているとは思いませんでした。

も、郵便投票というと、誰かと話し合ってみんなで投票するといったことも考えられるので、日本ではなかなかここまで行かないだろうと思います。
　アラスカ州でも、ＰＤＦによる投票が認められていますが、そこには「投票の秘密が侵される場合があることをご留意ください」といった意味のことが書いてあります。いわば、投票の秘密を積極的に放棄するように求めているわけです。

シシド　電磁的に投票記録を書き換えたのではありませんが、前回（二〇一六年）のアメリカ大統領選挙でも、外国からのサイバー攻撃が話題になりました。

森　エストニアでも、少し前にサイバー攻撃を受けたという話がありました。アメリカの場合は、大統領選挙の関係者とか、選挙管理機関に対してもサイバー攻撃が行われて、外国政府による選挙干渉と政府が言っていたりします。フランスの大統領選挙やオランダの総選挙では、サイバー攻撃に対する懸念から、手続きを過去に先祖返りさせたという話もあります。
　どういうことが行われるかというと、有権者登録データベース、日本でいう選挙人名簿みたいなところにサイバー攻撃する。スタンドアローンの電子投票機に対してもサイバー攻撃があったということです。機器がネットに接続されていない以上、不正侵入も物理的にないはずだと思われるかもしれませんが、機械にWi-Fi接続機能が付いていて、そこに脆弱性があるということで、例えばアメリカのバージニア州では電子投票機としての認可を取り消した例もあります。

あと、投票機と開票集計システムの間で投票記録を移送する際にWi-Fi機能を用いた場合にも、暗号化の強度が不十分で、不正侵入の可能性があるということも問題になったそうです。

エストニアのネット投票のやり方

たにぐち　投票所に行かなくても、インターネットで投票できるようにする海外の動きはどうですか。

森　エストニアが第一人者で、すべての国民は期日前投票できることになっています。電子IDでログインをして、投票内容を公開鍵によって暗号

	エストニア	スイス	ノルウェー	フランス
対象者	全国民	一部の州で実施	実証実験として、10程度の自治体の地方選挙で実施	フランス国外にいる有権者のみ（在外投票）
認証・投開票方法	IDカードによる認証を行い、投票の際は暗号化と電子署名が行われる。開票時は、電子署名を削除し、匿名化した状態で集計する。	郵便で送付されるセキュリティコードを用いて個人認証ログインを行い、投票する。開票時には、システム内で匿名化された投票を集計する。	携帯電話に紐づいたIDを使い、個人認証と住民番号を照合してログイン。公開鍵による暗号化と電子署名で投票。開票時は、紙などに結果をコピーして集計する。	Eメールで ID、SMSでパスワードが送付され、投票システムにログインし、投票を行う。開票時は投票システム内で匿名化・暗号化され、集計される。
普及方法	一部自治体 →地方選挙 →国政選挙	段階的に導入する州を拡大し、最終的には全国で実施	実証実験の実施と拡大を通じて、国としての導入の検討	在外投票の対象者に一斉に実施（実際の利用者は約半数程度）
投票のやり直し	可能	不可能	可能	不可能
現行の実施状況 将来見通し	現在も実施中。2019年選挙では、全体の43.8%がインターネット上での投票を行った	2019年総選挙までに全州の2/3で導入予定もセキュリティ問題で休止中。2020年に利用可能な新しいシステムを作成中	2016年に国としての導入の先送りを決定し、実証実験の中止も決定	2017年の大統領選挙で、セキュリティ上の干渉の恐れがあるとして、中止を決定

出典：投票環境の向上方策等に関する研究会（第３回平成30年２月26日）配布資料２、株式会社三菱総合研究所「インターネット投票導入の検討」を参考に、調査・作成

図表５－１　インターネット投票に関する海外での実施例

化し、電子署名を付して送信し、復号するというやり方です。投票期日までは投票を何回やり直しても良い、という点が特徴的です。

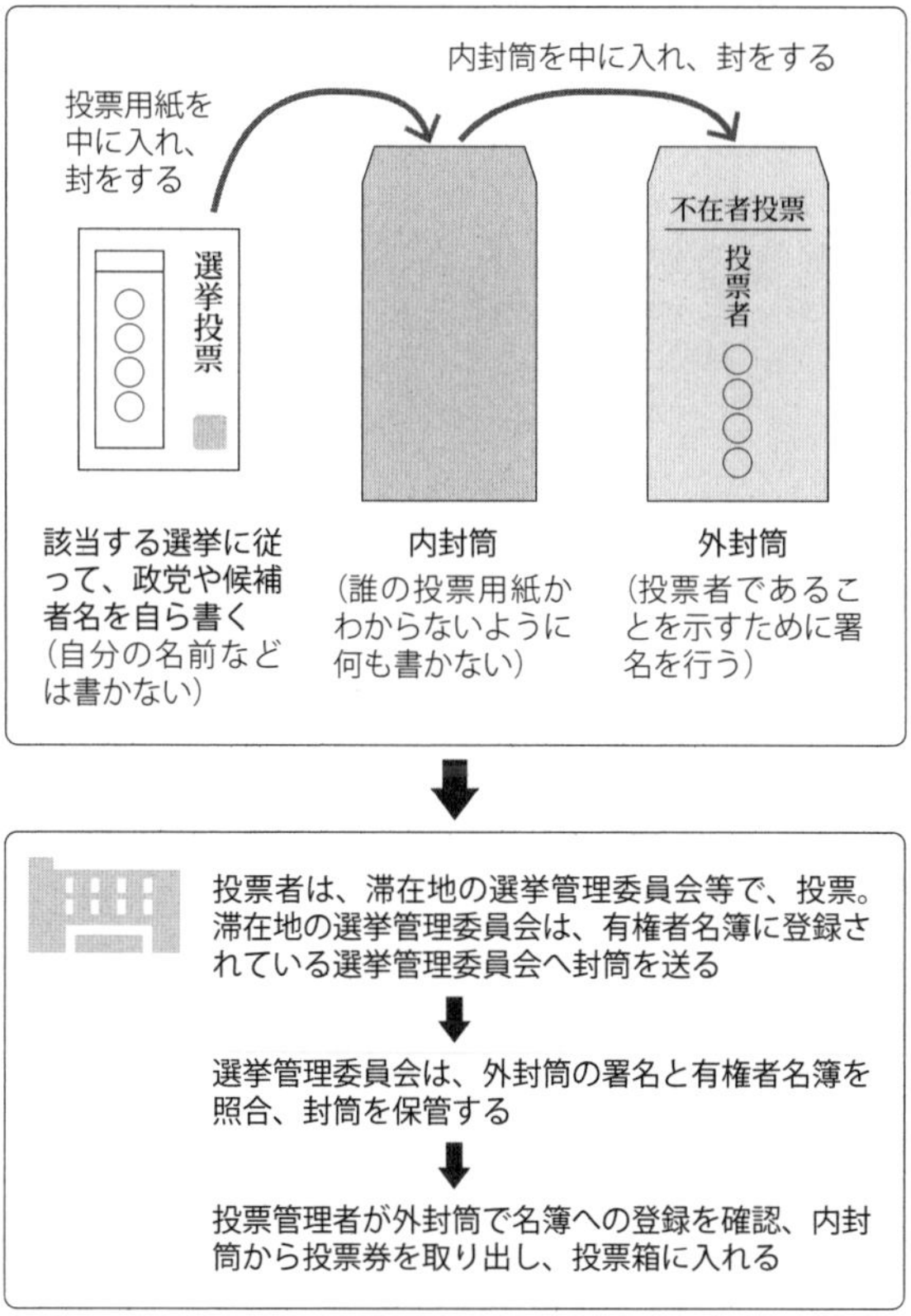

内封筒を中に入れ、封をする
投票用紙を中に入れ、封をする
選挙投票
不在者投票
投票者
該当する選挙に従って、政党や候補者名を自ら書く（自分の名前などは書かない）
内封筒
（誰の投票用紙かわからないように何も書かない）
外封筒
（投票者であることを示すために署名を行う）
投票者は、滞在地の選挙管理委員会等で、投票。滞在地の選挙管理委員会は、有権者名簿に登録されている選挙管理委員会へ封筒を送る
選挙管理委員会は、外封筒の署名と有権者名簿を照合、封筒を保管する
投票管理者が外封筒で名簿への登録を確認、内封筒から投票券を取り出し、投票箱に入れる

図表5－2　不在者投票（滞在先の選挙管理委員会での投票）

スイスの一部の州では、郵便で別途セキュリティコードを送り、それでログインしてインターネット投票を行うという方式を、障害者や海外居住者から始まって、段階的に拡大しつつあります。エストニアと違って、何回でも投票をやり直すということは認めていません。

これ以外に、ブラジルでも一部に実施例があるようです。

ノルウェーでは、一部の自治体でやり始めたのですけれども、セキュリティの問題があって中止したそうです。

フランスでも、在外投票をインターネットで可能にしようとしたのですが、やはりサイバーセキュリティの脅威から中止されました。EメールのIDとSNSによるパスワードを別々に送

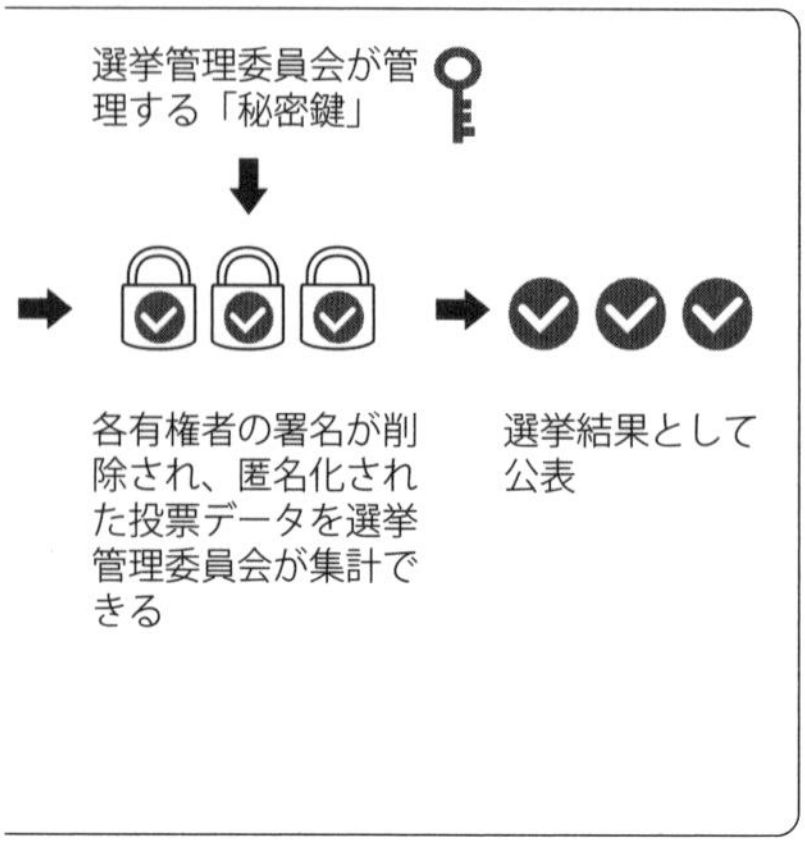
選挙管理委員会が管理する「秘密鍵」
各有権者の署名が削除され、匿名化された投票データを選挙管理委員会が集計できる
選挙結果として公表

出典：State Electoral Office of Estonia（2017）"General Framework of Electronic Voting and Implementation thereof at National Elections in Estonia". https://www.venice.coe.int/files/13EMB/13EMB_Priit_Vinkel.pdf

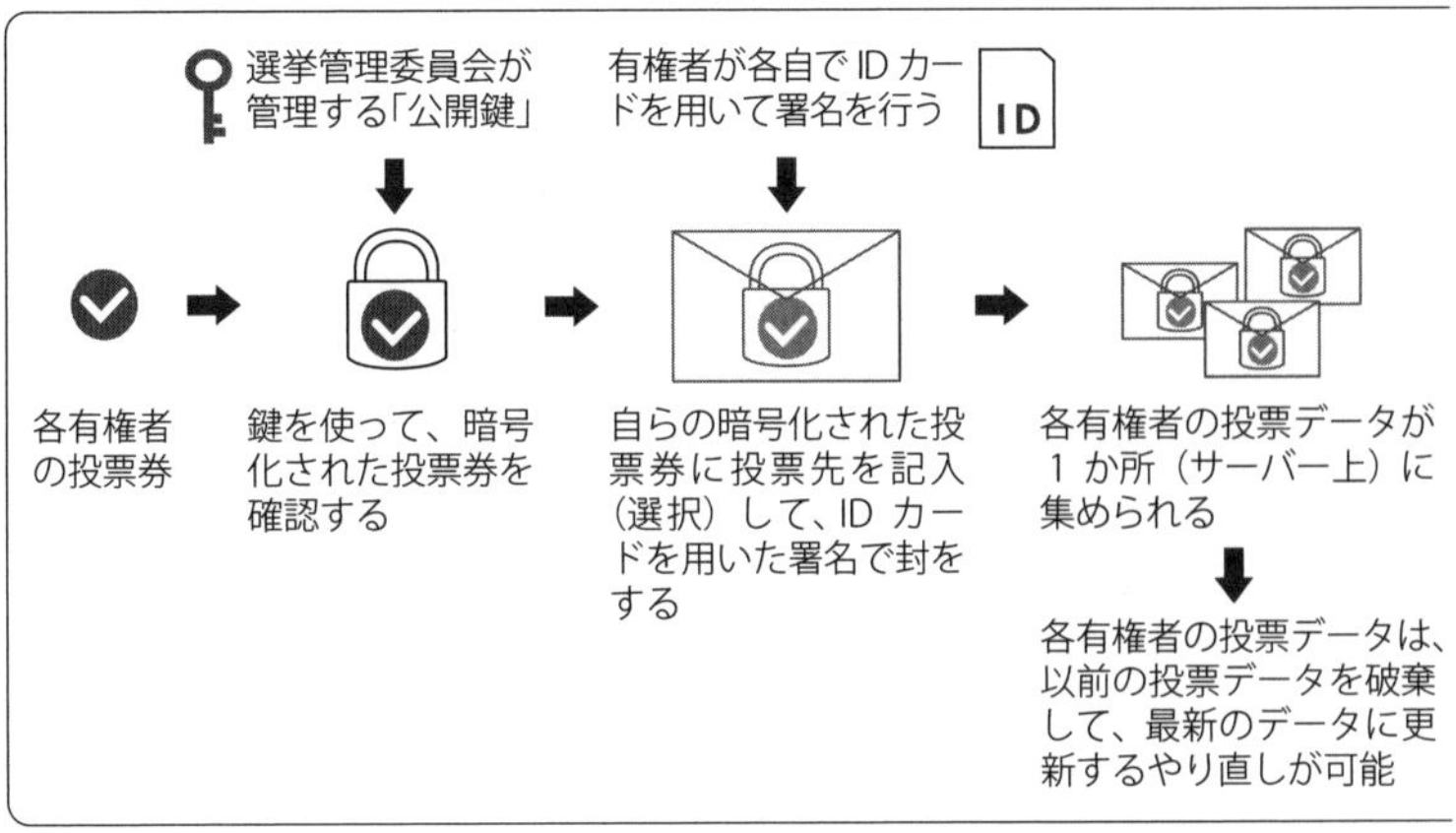
選挙管理委員会が
管理する「公開鍵」
有権者が各自でIDカードを用いて署名を行う
ID
各有権者の投票券
鍵を使って、暗号化された投票券を確認する
自らの暗号化された投票券に投票先を記入（選択）して、IDカードを用いた署名で封をする
各有権者の投票データが１か所（サーバー上）に集められる
各有権者の投票データは、以前の投票データを破棄して、最新のデータに更新するやり直しが可能

図表５－３　エストニアで行われているインターネット投票の仕組み

る認証方式で対応しようとしていたそうです。

シシド　エストニアのやり方について、もう少し詳しく教えてもらえますか。

森　まず、二重封筒方式からご説明しましょう。在外選挙では、最初に、投票用紙を内封筒に入れます。内封筒には投票者の氏名は書きません。次に、封をした内封筒を外封筒の中に入れます。そして、外封筒に投票者の氏名を書いて封をします。不在者投票と同じ方法ですね。

エストニアのインターネット投票でも、同じことをやるのです。まず、投票内容については、選挙管理委員会側の公開鍵で暗号化した上で投票します。ここでは、「誰が」投票したのかはわからない形で暗号化されます。これを「外封筒」に入れます。「外封筒」には投票した有権者の名前が書いてあります。つまり、本人の電子署名を付してネットで送るという仕組みです。自分の投票が改竄《かいざん》されていないかどうかをチェックするために、これで大丈夫ですねという確認を表示させられるシステムも提供されています。

選挙管理委員会では、開票前に、電子署名の部分を取り外します。改竄はないか電子署名をチェックしたら、署名部分を切り離すのです。「誰が誰に投票した」のうち「誰が」の部分を取り除いて、「誰に投票した」というところだけを残した上で、その部分を開票日に秘密鍵で開いて集計する、という仕組みです。[2]

2　「誰に投票する」というデータは、投票者と選挙管理委員会の両方が持っている公開鍵により暗号化された上で送信されます。この暗号を元のデータに復元（復号）するためには、公開鍵に加えて、選挙管理委員会だけが持っている秘密鍵の二つが必要、というわけです。

日本で検討されていること

たにぐち　紙媒体の二重封筒方式は、多くの学会の役員選挙でも採用されています。日本でもすぐネット投票に応用できませんか。

森　日本でも、電子投票の話は前々からやっています。現在のエストニアのようなところまで行くには、三段階あると当時から言われておりました。

第一は、先程もお話しした、選挙人が指定された投票所に行って、紙による投票を機械に置き換えるという段階です。本人確認は投票所で従来どおり行い、投票のやり方だけを置き換えます。一部の地方選挙で行われてきた電子投票もこれです。

第二段階は、立会人[3]が見ていないところで投票をさせるわけにはいかないけれども、投票所だったらどこででも投票できるように、という議論です。全国どこでも投票できるようにするのか、住民票のある自治体内でどの投票所でも良いとするのかはわかりませんけれども、有権者名簿の情報を共有して、ネットワーク上で余所《よそ》で投票していないかどうかを確認して

3　公職選挙法により、市町村選挙管理委員会は投票所ごとに二～五人の立会人をおくこととされています。

から投票してもらう、というイメージです。

そして第三段階が、エストニアがやっているようにインターネットを使って投票する。その際には、有権者の投票資格情報や候補者情報などを、全国どこからでもとれるようにする。一足飛びで、インターネットの投票システムに繋げばいいんじゃないかということが、今では議論されています。

シシド　でも日本では、第一段階すら広がりませんでした。

森　日本でやっている電子投票は、タッチパネル式の電子投票機で投票する、という仕組みになっていました。「ました」というのは、二〇〇二年から行われていたのですが、機械が古くなって、今ではつくるところがない状態になってしまっている、ということです。

二〇〇一年に法律ができ、二〇〇二年六月に岡山県の新見市で、全国で初めて電子投票をやりました。これは結構うまくいって、一定のお金はかかりましたが、普通だと何時間もかかる開票作業が、電子投票部分は三〇分もかからずに終わったと記憶しています。

電子投票の歴史とトラブル	過去、電子投票を実施した自治体
• 2002年２月：電磁記録投票法施行 各自治体は条例を定めることで、地方選挙での電子投票が可能になる • 2002年６月：岡山県新見市で全国初の電子投票が実施 2002年から2018年までに全国で10自治体25回の選挙で実施 • 2003年７月：岐阜県可児市で機器故障 裁判において選挙結果の無効が確定 • 2003年11月：神奈川県海老名市でも機器トラブル発生 その後、財政難やコストを理由に廃止する自治体が続く • 2006年４月：電子投票システム調査検討会による「信頼性向上に向けた報告書」 ５割を超える自治体が「技術的な信頼性向上が課題」と回答する • 2018年２月：唯一の実施を続けていた自治体の青森県六戸町が休止を表明 機器リースが不可能になったため • 2019年現在：日本で電子投票を実施している自治体はなし	岡山県新見市 広島県広島市 宮城県白石市 福井県鯖江市 岐阜県可児市 福島県大玉村 神奈川県海老名市 青森県六戸町 京都府京都市 三重県四日市市

図表５－４　日本における電子投票の歴史と起きたトラブル（一部）

この成功を受けていろいろな企業が参入し、さまざまな機器を開発してくれたのですが、二〇〇三年七月に岐阜県可児市の選挙で、ある会社の機械が投票日に故障して選挙争訟が起きた末、二〇〇五年に選挙無効、選挙やり直しという、大変な事態が発生してしまいました。

電子投票機の利用は、地方での実証実験的に捉える向きもあり、やがて国政選挙でもという話はあったのですが、可児市での一件が大きなきっかけとなって、結局下火になってしまったというのが現在の状況です。

可児市での選挙無効とその後

たにぐち　電子投票機というのは、各投票所に複数台設置されていたのではないのですか。可児市では、なぜ選挙無効に至るような大トラブルになってしまったのでしょう。

森　機械一個一個に記録するやり方もあるのですが、可児市が使った機械は、一つの投票所の中で、複数の端末から一つのクライアント・サーバーに有線で送る、という仕組みになっていました。このクライアント・サーバーが、法律が求めていた基準を十分に満たさない状態になり、サーバー内のＭＯユニット[4]が過熱し、保護機能が作動して記録ができなくなってしまい、投票できなかった人が多数生じました。さらに、その場にいた開発会社の技術職員が誤った操作を行い、投票の記録の削除等が生じるなどにより、開票の結果、投票総数と投票者数の差が二四票ありました[5]。市議会議員選挙では票が競りますから、僅差だと当選者が入れ替わる可能性があるわけですね。こうした中で訴訟になり、最終的に名古屋高裁の判断は、二重投票をチェックするなどの条件を、少なくとも一時的に具備していない状況下で投票をさせたし、復旧に要する時間に関して正確な情報を提供しないという選挙管理執行上の過誤があり、再度投票所を訪れることができず投票を諦めた人もいるかもしれないと。その人たちが次点者に投票したのであれば、最下位当選者として逆転したかもしれないということで、選挙を無効としました。最高裁まで争ったけれども、上告棄却で選挙やり直しとなってしまったわけです。

シシド　この点、公職選挙法の規定は相当厳しいですね。

4　光磁気ディスク、今は無き記録媒体の一つ。

5　ちなみに、投票用紙の持ち帰り（公職選挙法違反です）のため、投票総数が投票者数を下回ることはしばしばあります。

森　公選法二〇五条には、選挙の規定に違反することがあるときで、選挙の結果に異動を及ぼすおそれがある場合には、裁判所は選挙の無効を判決しなければいけないという規定があります。

議員定数訴訟などで、現行の議員定数は違憲だけれども、選挙自体は無効にはしないという事情判決の法理が使われることがありますけれども、こうした行政事件訴訟法での事情判決そのものは準用されないと公選法に明示的に書かれているものですから、電子投票やネット投票を導入した場合、手続き的な瑕疵があって訴訟になったときに、耐え得るかどうかというあたりが大きなネックと思います。

たにぐち　その後の動きはどうなっているのですか。

森　可児市の一件があってから、マニュアルをつくったり、技術的条件を見直したり、民間検査機関で電子投票機械の適合確認を実施したり、ということは行いました。

あと、国政選挙についても、この機械を使うようにしたら、もっと電子投票が広がるよねという話が出て、法案は衆議院を通過したのですが、参議院で継続審議となり、成立しませんでした。

電子投票ですから、自書式ではなく、どうしても記号式のような形になります。衆議院小選挙区の場合ですと、せいぜい候補者数は五～一〇人なので、一つの画面で全員の名前を表示できますけれども、参議院比例区には一〇〇人以上の方が立候補して、一画面では表示できませんから、二つめ、三つめの画面になった候補者は選んでもらえないのでは、という懸念が参議院側にあったと推測されていました。

そして今回、総務省の「投票環境の向上方策等に関する研究会」で、在外投票にインターネット投票を導入できないか検討を行いました。

たにぐち　在外投票、あれは手続きが面倒ですよね。私も留学中に参院選がありましたが、留学前に住んでいた自治体の選管に在外選挙人証を郵便で送って、折り返し投票用紙を届けてもらい、それに記入した上でもう一度日本に送り返す。政治学者でなければ棄権していましたよ。[6]

森　今おっしゃった「郵便等投票」以外にも、在外公館で行う「在外公館投票」の他、日本に一時的に帰った場合にも投票できます。また、出国時

6　もちろん、二回の郵便代は自腹です。

に在外選挙人登録をできるようにするなど、制度の改善も行われています。

ただ、一八歳以上の海外在留者は現在一〇〇万人位いるのですが、まず、在外選挙人名簿に登録している人は一〇万人位、さらにそのうち投票する人は二万人位しかいません。また、在外公館投票の場合、日本国内での開票に間に合うように投票用紙を送らなければいけませんから、ほとんどの在外公館では投票期日の七〜八日前に投票を締め切らねばなりません。実質的に公示日の翌日から四〜五日間位しか投票できなくなっています。南スーダンなど治安事情や郵便事情の悪いところでは、もっと短い期間しか投票できません。

この辺を何とかしなくてはという問題意識で、ＩＣＴ（情報通信技術：Information and Communication Technology）に詳しい先生方にもメンバーになっていただいて、一年ほど研究会をやってきました。[7]

在外投票のネット投票を検討

シシド　具体的には、どういう制度設計ですか。

7　総務省のウェブサイト（http://www.soumu.go.jp/main_content/000568570.pdf）で報告書が公開されています。『投票環境の向上方策等に関する研究会報告』（平成30年8月、投票環境の向上方策等に関する研究会）

森　まず、なりすましでなく本人に投票させるために、ネット上で本人の資格情報を確認できる仕組みが要るだろうということで、在外選挙人名簿に類するものをつくって、そこに登録をしてもらう。これは、よその市町村の職員が勝手に見られないように、市町村ごとに管理するシステムを想定しています。在外選挙人全員がインターネット投票を選ぶわけではなく、在外公館投票とか郵便等投票のほうが良いという人もいるでしょうから、インターネット投票をやりたい人だけに申し出てもらい、そこを切り分ける、というふうに考えます。

次に、投票を行う段階では、候補者を受け付ける選挙管理委員会のほうで、候補者情報を、投票のサブシステムにアップロードします。選挙人は、マイナンバーカードの公的個人認証により本人確認をした上で、サブシステムにアクセスします。自分はインターネット投票を行うと登録した何野誰兵衛本人であると投票資格を確認しにいき、その結果、たしかにあなたはインターネット投票をする何野誰兵衛さんですねとなったら、初めて何野さんの選挙区の候補者情報が、何野さんの画面に表示されるということです。

そこで、選挙人は候補者を選択します。誰に投票したかという情報については、選管の公開鍵で暗号化されます。先程申し上げた内封筒に相当します。そして外封筒、つまり選挙人用の秘密鍵で電子署名を付してから、データを選管に送るということになります。

そうすると、投票管理システムのほうでは、まず電子署名を検証して、データが届くまでの間に書き換えられていないかどうかを検証した上で、外封筒を削除します。そして内封筒は、市町村ごとのボックスに入れておきます。それと合わせて、この人はもう投票を終えましたと今回の有資格者名簿に消し込みをするので、同じ選挙人が二度アクセスしても、はじかれることになります。

そして開票のタイミングが来ますと、市町村側からアクセスをして、当該選管の秘密鍵で、公開鍵で暗号化された投票を復号して、集計し、紙で行われた国内投票と合わせて、投票結果を確定させる、こういう仕組みを考えています。

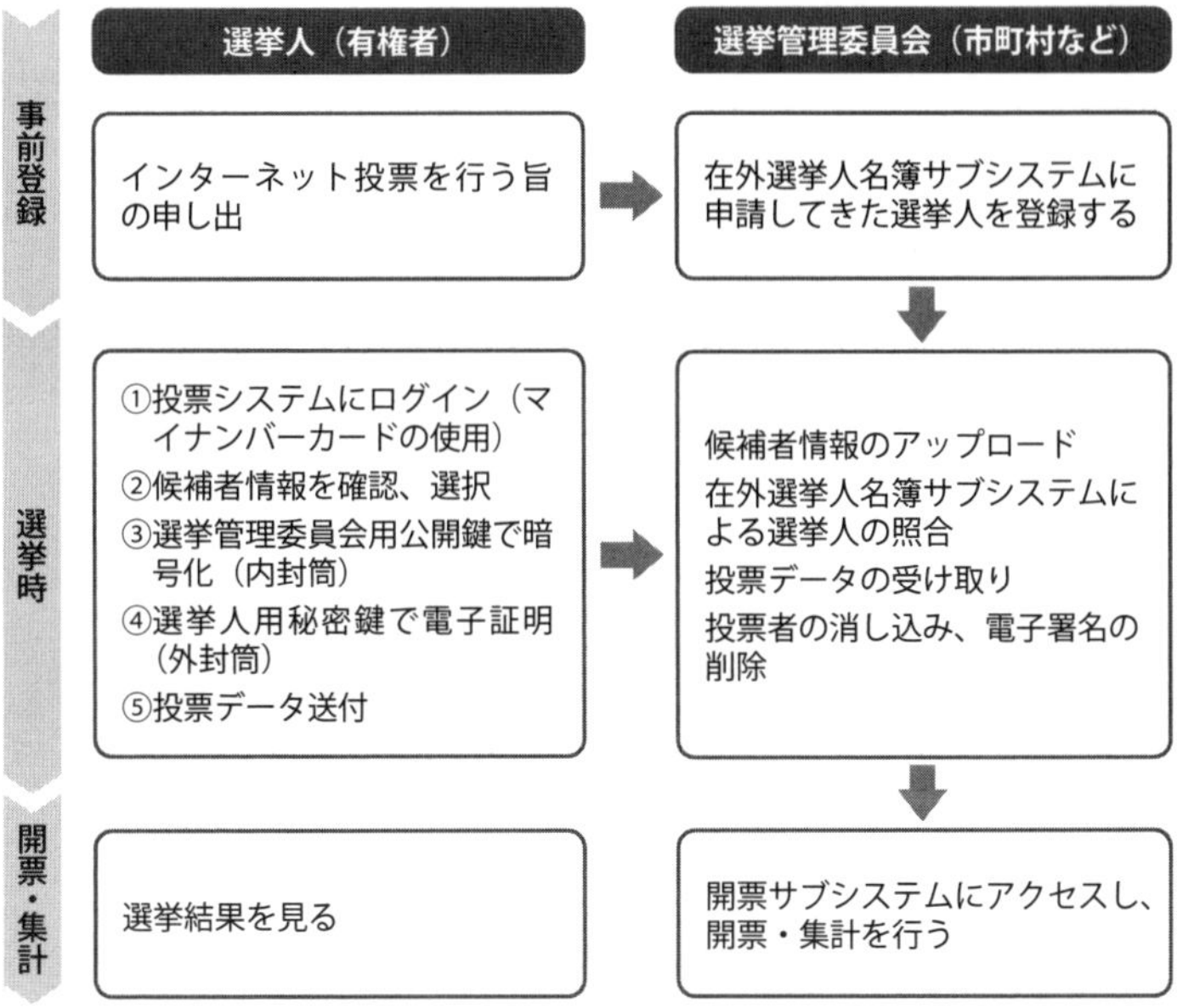

図表5－5　在外選挙でのインターネット投票の流れ（イメージ）

インターネット選挙を行う人の名簿への資格情報の登録はもちろん専用回線を通じて行うのですけれども、投票時のデータのやり取りにはインターネットを使うものですから、ファイアウォールとか、侵入検知・防止システムとか、もろもろのシステムをがっちりフォローしていただく。それから、名簿とか、投票とか、開票・集計とか、それぞれをファイアウォールで機能的に切り分けてもらうという形にすることを考えています。

立会人の問題と再投票の問題

たにぐち　技術的には、在外投票に限らず、国内でも適用可能なように思えるのですが。

森　投票は、投票管理者や立会人の下で行うのが原則です。これは、不正の防止、つまり他者からの干渉を防止するためです。ただ、在外邦人の場合、選挙権を行使する機会を確保するため、例外として立会人などがいない郵便による投票が認められています。一方、国内の場合、かつて不正が横行したことから郵便投票は廃止されましたが、投票所に行けない身体障害のある方などの選挙権の行使の機会を確保するため、限定的に認められるようになった経緯があります。こうしたことを考えると、国内でも投票立会人不在の中でインターネット投票を認めていいのかという議論は、今後克服する必要があります。

　また、郵便等投票ならば数万数十万のロットであるのが、国内に全面適用すると数千万のトランザクションになるという情報処理量の問題はあります。ただし、技術的には国内も基本的に変わらず、在外選挙の延長線上にあります。

たにぐち　エストニアのように、投票期日までは何度でも投票をやり直せるようにしておけば、もし他人の監視下で特定の候補者に投票させられたとしても、その人がいないところで後からやり直しができますから、おっしゃるような問題はクリアできるのではありませんか。

森　この点は、一番問題になりました。ただ、郵便等投票の場合は、一回送ったらもうやり直しができません。郵便等投票の人はやり直せないのに、インターネット投票の人たちだけ何回でも投票できるのは、平等性の観点からも問題ということで、研究会ではネット投票でもやり直しはしないということにしています。

もう一つ、選挙運動期間中に、特定の政党・候補者に対する印象を悪化させるようなネガティブキャンペーンのようなものが行われたとき、特にインターネット投票した人に向けて、一斉に再度投票させるような働きかけが可能になるのもまずいという考え方をしております。

シシド　在外投票へのネット選挙導入は、今後どのようなタイムスケジュールで進むのですか。

森　まず二〇一九年にシステムのプロトタイプを構築して、実証実験を行います。その結果を踏まえますので、現段階で明確に時期を申し上げられる段階にありませんが、だらだらやってもしょうがないという意識を持っています。

シシド　このシステムは、誰が管理するのですか。選挙とかＩＣＴとかが両方絡む領域で、自治体にやらせているのはどうでしょう。

森　自治体が直接管理するのは無理なので、どこか一つのところに委託をするのか、国がやるか、ですね。ただ、名簿は住民基本台帳の情報から来ているので、それを取り上げるようなことは悩ましいと思います。

シシド　選挙管理を一体としてみると、基本的に自治体が一〇〇％管理しなきゃいけないイメージがあるけれども、選挙管理にかかるプラットフォームを国が提供し、そのプラットフォーム上で物を動かす、アプリケーションレイヤーみたいなところは選管が管理しますとか、そういう切り分けまで踏み込まないといけません。

森　自治体クラウドのイメージですね。今、総務省では、二〇四〇年頃までに想定される各行政分野の課題を検討しています。これからどんどん地方から人がいなくなり、公務員の数もどんどん減るおそれがある中で、システム化するところはシステム化するなど、いろいろなところで国がもっと関わっていく形になるのではとイメージしています。

＊　　＊　　＊

新しい選挙の考え方が必要

シシド　ネット選挙に向けた突破口として、在外投票をやろうとしているのはよくわかりました。

たにぐち　技術的には可能でも、全面的に立会人がいないところで投票させるとなると、秘密投票の原則の変更を意味するなど、原理原則の問題も含んでいるわけか。

シシド　でも、そこで立ち止まると、若い世代が投票しなくなる。

たにぐち　エストニアでは、ネット投票を導入したら、高齢者の投票率のほうが増えたらしい。

シシド　高齢者に限らず、投票所に行くのが大変な方たちが、家で投票できるなら投票することはありますよね。

たにぐち　慎重論者はよく「選挙はやり直しがきかない」と言うけれど、現行の再選挙制度とは違って、ネット投票なんだから比較的簡単にやり直しできるでしょう。逆に、ネットで巨額の商取引をしている人たちに「選挙と違って、あなたたちはやり直しができる」って言うのは失礼じゃない？

シシド　従来の選挙法理というのは、一人一人の投票者の投票が集まって、一個の大きな選挙人団の一個の集合的行為になるから、そのパーツのどれか一個でも汚染されていると、全体が汚染されちゃうという観念でつくられていると思うんです。

これに対して、今の情報通信技術はとても分散的で、どこかに汚い部分はあるかもしれないけれども、全体でバランスがとれていればリスクを低減させているという、根本的に異なる世界観を採っているから、両者を調整しなきゃいけないと思います。

もう一つ言うと、情報通信技術の議論に乗せることで、これまでどうしても既存の投票用紙とか、既存の投票方式に縛られてきた選挙のあり方から楽になると思うんです。

たにぐち　現行の制度に接ぎ木するばかりではなく、新しい酒は新しい革袋に盛れということだね。

本章のポイント

◎ エストニアでは、公開鍵暗号方式を用いたインターネット投票が行われている。

◎ 日本では、二〇〇二年に電磁記録投票法が施行され、タッチパネル式の電子投票機を利用できるようになった。しかし、二〇〇三年の可児市議選が機械の故障のため無効になったのを機に、電子投票機の利用は下火になってしまった。

◎ 二〇一七～一八年に、総務省の「投票環境の向上方策等に関する研究会」が在外投票へのインターネット投票導入を検討した。今は実証実験を行う段階。

◎ インターネット投票を全面的に導入する際には、秘密投票の原則——他者からの干渉を防止するため、投票管理者や立会人がいるところで投票する——との兼ね合いが問題になる。

第6章　効率化からよりよき民主主義へ――電子議会の巻

不発に終わった国会改革

たにぐち　前章では、選挙で議員を選ぶところまで話を進めてきました。

シシド　選挙の次は議会、選ばれた議員による政策決定の場へのテクノロジーの導入です。

たにぐち　日本の国会では、二〇一八年に与野党の一部議員が「『平成のうちに』衆議院改革実現会議」というグループを作り、提言を発表しました。その中には、タブレット端末の導入など衆議院のＩＴ化、女性議員の妊娠・出産時の代理投票導入などが含まれていました。[1]

シシド　このうち、タブレットの導入については、二〇一九年にデジタルファースト法案を衆議院内閣委員会で審査したときに行われました。

たにぐち　一日限定でした。本会議については、いまだにＰＣやタブレットの持ち込みはできません。

シシド　「議事中は参考のためにするものを除いては新聞紙及び書籍等を閲読してはならない」という衆議院規則が準用されます。

たにぐち　今どき「内職防止のため、取締役会にＰＣを持ち込んではいけない」という規則を持つ会社があるのだろうか。

シシド　産休・育休のときの代理投票制度については、その後、本人が自宅から投票する遠隔投票という形に変えて検討が進められましたが、実現しませんでした。

たにぐち　遠隔投票については、憲法学者の意見も割れたそうで。

シシド　憲法に「両議院は、各々その総議員の三分の一以上の出席がなけ

1　本文中の二点の他には、党首討論の定例化・夜間開催が提言されていました。

れば、議事を開き議決することができない」「両議院の議事は、この憲法に特別の定のある場合を除いては、出席議員の過半数でこれを決し……」という規定があります。ここで言う「出席」とは議場にいることなので、遠隔投票はダメと解釈する学者もいます。私は、議院規則を改正すれば可能と思うのですが。

たにぐち　同じような憲法の規定を持つスペインでは、出産や育児、病気のときにタブレット端末経由で議案に投票することが認められています。日本国憲法だって、もっと柔軟な解釈をしている箇所もあるでしょう。デジタル技術の活用に関しては、日本の国会は諸外国から大きく後れを取っているように感じます。

シシド　議会制度への新技術導入について、世界の動きはどのような状況なのでしょう。ＮＩＲＡ総合研究開発機構の川本茉莉さんに、世界電子議会会議に行ってきてもらいました。

＊　＊　＊

eは効率性（effectiveness）のe

川本　二〇一八年一二月にスイス・ジュネーブで開催された世界電子議会会議（World e-Parliament Conference）へ参加しました。同会議は、列国議会同盟（ＩＰＵ：Inter-Parliamentary Union）が運営主体となり、二〇〇七年から始まりました。各国の議会における情報通信技術の利用促進を目的に、各国の国会議員やシンクタンク、関連団体などが意見交換を行っています。八回めとなる今回は、世界約六〇か国から二五〇名ほどが参加していました。

シシド　電子議会と一口に言っても、人によってイメージするものは異なります。e-Parliamentとは具体的に何を指しているのでしょうか。

川本　世界電子議会会議が始まった当初は、「情報通信技術を活用することで、よりオープンで透明性が高く、説明責任を可能とする」ことと定義されていました。しかし一〇年の間に情報化を取り巻く状況も変わってきて、今では、「議会プロセスの中心に、テクノロジーや知識、規範を据え、協調や包摂、参画、市民への公開といった価値を形にする」こととされています。[2] 接頭辞のeは、今や「電子（electronic）」というよりは「効率性（effectiveness）」を指しています。

たにぐち　単に情報通信技術を活用するのではなく、情報通信技術を用いて新しい価値を創り出していくという意味合いが込められていそうですね。電子議会という日本語訳も考え直さなくてはいけないなあ。

川本　今回、議論の大きな柱が四つありましたが、議会の効率化（Effective Parliaments）はそのうちの一つでもありました。技術を活用して、議会がいかに効果的で革新的なことをできるのか、という観点から、各国の取り組みなどが紹介されました。

例えばイタリアでは、議員向けのモバイルアプリを二つ作り、ペーパーレス化を図っています。一つは、議会運営をスムーズにするためのもので、アプリ上で議会・委員会のスケジュールを確認したり、法律案などの署名・提出をしたりできるようになっています。もう一つは、書類管理のア

2　『World e-Parliament Report 2018』

プリで、法令や決議だけでなく、調査資料などさまざまな関連書類が閲覧できます。

たにぐち　アプリの機能自体は目新しいものではないけれど、日本の国会にしてみれば、署名や法案提出を電子化するというのは画期的ですね。印鑑文化の日本ではなかなか進まないだろうけど。[3]

川本　またスリナムの事例の紹介もありました。スリナムでは、議員間のコミュニケーションや生産性の向上のため、議員用にオンラインのプラットフォームを整備しています。民間企業でよく使われているグループウェアのようなものです。カレンダーやファイル共有、議員のプロフィールなどの機能があります。またコミュニティ機能もあり、例えば委員会やプロジェクトチームなどでグループを作り、メンバー間でファイルの共有や意見交換ができるようになっています。このシステムの導入により、紙の文書が五〇％も削減できたということでした。

シシド　スリナムというと、南アメリカの小国ですね。情報化が特に進んでいるというイメージはありませんが、各国がいろいろな取り組みをして

3　日本の印章制度・文化を守る議員連盟（通称、はんこ議連）もあって、同議連の会長が――そこには因果関係はないと信じたい――IT担当大臣に任命されました。

いるのですね。

川本　全体的に、ラテンアメリカやアフリカの新興国が、情報化に対してとても積極的な印象を受けました。しかし、積極的に情報通信技術を活用しようという議論の一方で、技術の安全性や信頼性への不安の声も多く聞かれました。

たにぐち　日本国憲法には「両議院の会議は、公開とする」と定められています。秘密会は例外としても、どの国の議会でも、誰が何をどのように話し合ったかは原則公開でしょう。何を心配しているのでしょう。

川本　情報漏洩や改竄、システム障害などに対して、何となく不安を抱いている人が多いようです。技術に詳しくない人が、情報通信技術に漠然とした不信感を持っているということなのだと思います。実際には、対策さえきちんと立てておけば、今の技術をもってして取り返しのつかない事態にはならないでしょう。ブロックチェーンなどの技術を活用すれば、情報漏洩元の特定や改竄防止に役立てることもできます。そういった意味で、情報政治家や議会に関わるスタッフのＩＴリテラシーの向上が第一です。今回の会議でも、デジタル化の障壁となるのは、技術的問題よりも、むしろ文化や理解不足、スキル不足という声が出ていました。

議会の公開性を高める

シシド　四つの柱のうち、残りの三つはどういったものだったのですか。

川本　あと三つは、議会の公開性（Open Parliaments）、関与（Engaged Parliaments）、そして連携（Connected Parliaments）です。

たにぐち　公開性は、透明性とも言い換えられます。

川本　はい。インターネット環境の整備やスマートフォンの普及、ＳＮＳの発展などにより、議会の公開性は格段に上がりました。日本でも、国会中継を見るためにテレビに張り付くまでもなく、会議の動画はネット上で簡単に閲覧・共有できますし、政治家がＳＮＳを活用して自身で発信することも、もはや当たり前です。

インドネシアではさらに進んでいて、議会のモバイルアプリがあり、議会のビデオストリーミングはもちろん、各議員のデータや法案、会議の予定や議事録なども閲覧できるようにしています。特に画期的なのは、請願や陳情などをアプリ上でできるようにしていることです。

たにぐち　一見地味ですけれども、重要な指摘です。日本でも、請願は国民の権利として憲法で保障されていますが、実際に請願書を提出するにはとても手間が掛かります。[4]モバイルから気軽にできるようになれば、政治に対する関心・参加度も大きく向上するのではないでしょうか。

シシド　行政のオープン化でいえば、二〇〇九年にオバマ前アメリカ大統領が示した「オープンガバメント覚書」をきっかけに、世界的に動きが広がりました。ただ、公共セクターは民間に比べて動きが遅いし、ユーザーにとっては使いづらいものばかりです。

川本　まさにそうです。議会がもっと透明度を高めなければいけないという必要性自体は、多くの議員に認識されていますが、その実現に向けては、まだまだ課題があると議論になりました。PDF形式の会議録を公開してオープンデータと言うだけでは、データとして利活用はしづらいです。[5]オープンデータが何を意味するのか深く理解し、機械で読み取り可能な形式

4　請願書は議員の紹介により提出しなければならず、議員または議員秘書に作成を依頼する必要があります。陳情には議員の紹介は不要ですが、原則自筆の文書に住所氏名を明記して、議長に郵送しなければなりませんし、陳情を取り上げるかどうかは議長次第です。

5　日本では、戦前期の会議録がまだ画像でしか閲覧できません。

でなければ、意味がありません。エンドユーザーのニーズを最優先に考えるべきで、ユーザーフレンドリーではない設計のデータは、むしろ公開性の障害ですらあるとの指摘も聞かれました。

人びとの議会への関与を深める

シシド　次の関与（Engaged）とは、一般の人びとの参画を促すという意味ですか。ここまで話してきた公開性とも関連しそうです。

川本　そうです。議会の公開性を高めることによって、議会への人びとの関与も深まるという関係です。ここでは、ソーシャルツールの発達やフェイクニュースなどについて議論されました。ソーシャルメディアは、ウェブサイトやブログに比べ、議員自身が書き込むことが多いことが、各国議会・議員に対するアンケート調査（World e-Parliament Report 2018）からわかっています。こうした意味で、ソーシャルメディアは、人びとと政治家の距離を縮め、人びとの政治参画を促す役に立っていますが、議員側にITリテラシーがなければ、大きな問題を引き起こしたり炎上したりするなど、使い方次第では諸刃の剣となります。ソーシャルメディアの使い方について、議員へのサポートが必要とされているにもかかわらず、実際にサポートを受けている議会は非常に限られています。

作成者	ウェブサイト	ブログ	ソーシャルメディア
議員自身	55%	43%	71%
事務所スタッフ	40%	29%	37%
党	10%	6%	9%
その他	6%	7%	6%

出典：World e-Parliament Report 2018

図表6－1　議員のオンラインコミュニケーションツールの内容作成者の割合（複数回答）

たにぐち　小口さんの話とも関連しますが、各議員に対するSNSの手ほどきは、政党の役割のような気もしますけれども。

シシド　フェイクニュースは、古田さんの話にも出てきました。議会制度の文脈では、どのような議論になりましたか。フェイクニュースを作られる側の政治家には、人びとやメディアとはまた違った視点があるのでしょうか。

川本　政治家にとっては頭の痛い課題です。フェイクニュースやデマが民主主義への脅威であることは間違いありません。しかし立法府として気を付けなければならないのは、フェイクニュースの脅威を防ぐことが、言論の自由を妨げたり批判的な声を封じ込めたりするようなことになってはいけないということです。権力を持つ側として、それを乱用しないように留意しなければなりません。

たにぐち　一見、虚偽の事実（フェイク）と言論の自由はたやすく区別できそうですが、政治家は自分への批判や不利な情報に対して、すぐ「フェイクニュースだ！」と反論しがちですから[6]、実際には難しい線引きになります。

シシド　ソーシャルツールを活用した政治参加について、海外で面白い取り組みは何かあるのでしょうか。

川本　ブラジルでは、上院での法案提出、審議について、ソーシャルツールを活用して市民参加を促しているようです。まず、人びとは新しい法案のアイデアをオンラインプラットフォーム上で発案、公表できます。このアイデアについて十分な支持が得られれば、議会に審議させることも可能です。また審議中の法案については、オンラインでコメントや提案を送ることもできます。さらに、法案の賛否を、人びとがオンラインで投票する

6　トランプ大統領が良い（悪い？）例です。

こともできます。投票結果に法的な拘束力はありませんが、結果は広く公表されますから、上院議員が議会で投票する際に参考にする可能性はあります。

たにぐち　世論調査のように国民全体の意見の反映にはなりませんが、その議案に強い関心を持つ人びとの意見分布が可視化されるという意味では、議員にとりプレッシャーになるかもしれません。

各国の議会で連携を

シシド　残る一つの柱は「連携」でしたね。議会が何とつながるのでしょうか。

川本　これは、各国議会間の連携を深めることを指しています。一国の議会で単独に情報通信技術の活用を進めようとしても、なかなか難しいのが現状です。各国間で協調・協力し、ノウハウや問題点を共有したいという意欲が高いことが、アンケート調査からもわかっています。それなのに、日本の国会議員が今回一人も参加していなかったのは、とても残念に感じました。

たにぐち　世界電子議会会議が行われたときは、臨時国会の終盤で、入管難民法をめぐる対立があったり、参議院で首相問責決議案が提出される直前だったりしました。ただ、それほど政局は緊迫していなかったし、出張が許可[7]されない案件でもないと思いますが。

川本　はい。日本からは、国会議員だけでなく、国会職員も行政も、さらにはNIRA総研以外の民間シンクタンクにも参加者がありませんでした。二〇一二年に衆参議員が一名ずつ参加しましたが、それが最初で最後です。

シシド　国内では、あれほど国会改革をと盛り上がっていたのに……。こういった国際会議にこそ積極的に参加して、情報収集や関係構築を進めるべきです。

たにぐち　ヨーロッパなどでは、各国間協調がかなり進んでいそうですが。

川本　ヨーロッパでは、一九七七年にECPRD（European Centre for Parliamentary Research and Documentation）という組織が設立され、各国議会間の協力と情報交換を図っています。現在は、ECPRDのウェブサ

7　国会議員が会期中に海外に行くときには、議長に請暇願を提出し、議院運営委員会理事会の了承を受ける必要があります。

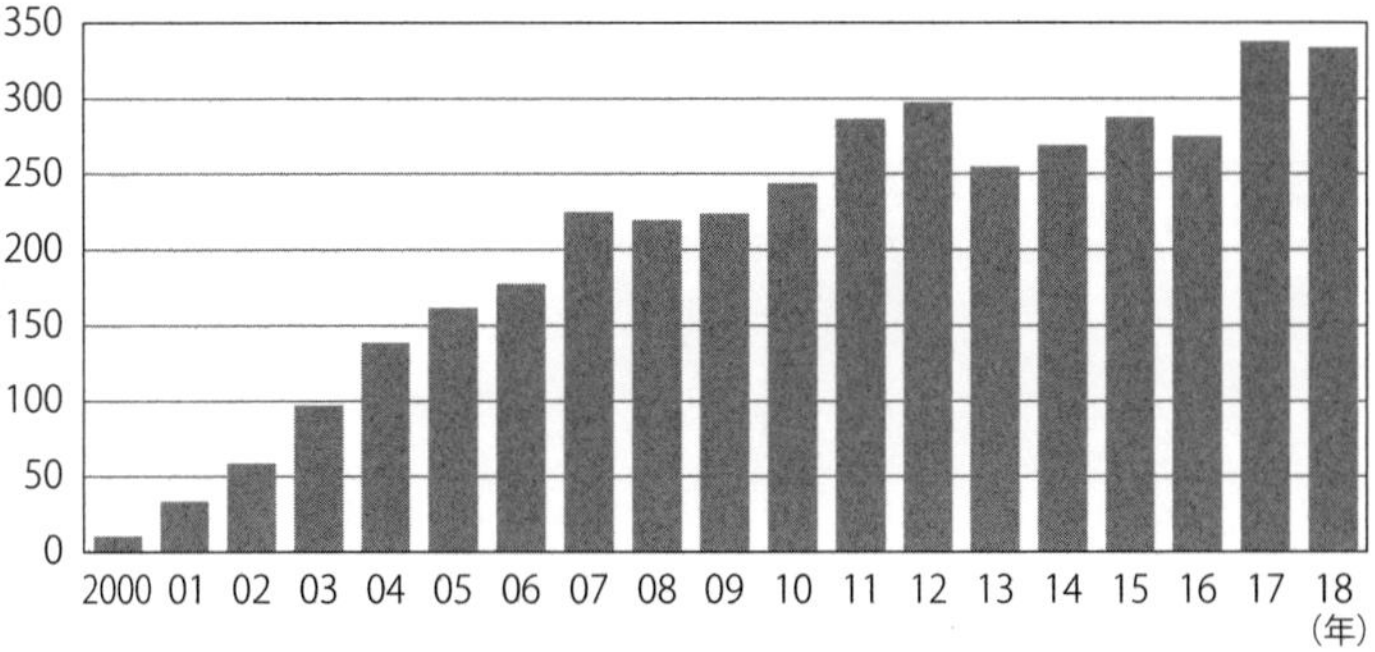

出典：世界電子議会会議における ECPRD 発表資料より

図表６－２　ECPRD の議会間ネットワークにおけるリクエスト数の推移

イトを通して、それぞれの議員や議会からのアイデアを共有したり、特定の課題に対する解決方法を出し合ったりするなど、議会間ネットワークの構築に成功しています。こうしたリクエスト数は、二〇〇〇年から順調に増加しています。

シシド　ヨーロッパ以外ではどうですか。

川本　今回の会議で、議会革新センター（ＣＩＰ：Centre for Innovation in Parliament）が発足しました。これは、列国議会同盟と各国議会のパートナーシップで、議会におけるデジタルツールの活用やイノベーショ

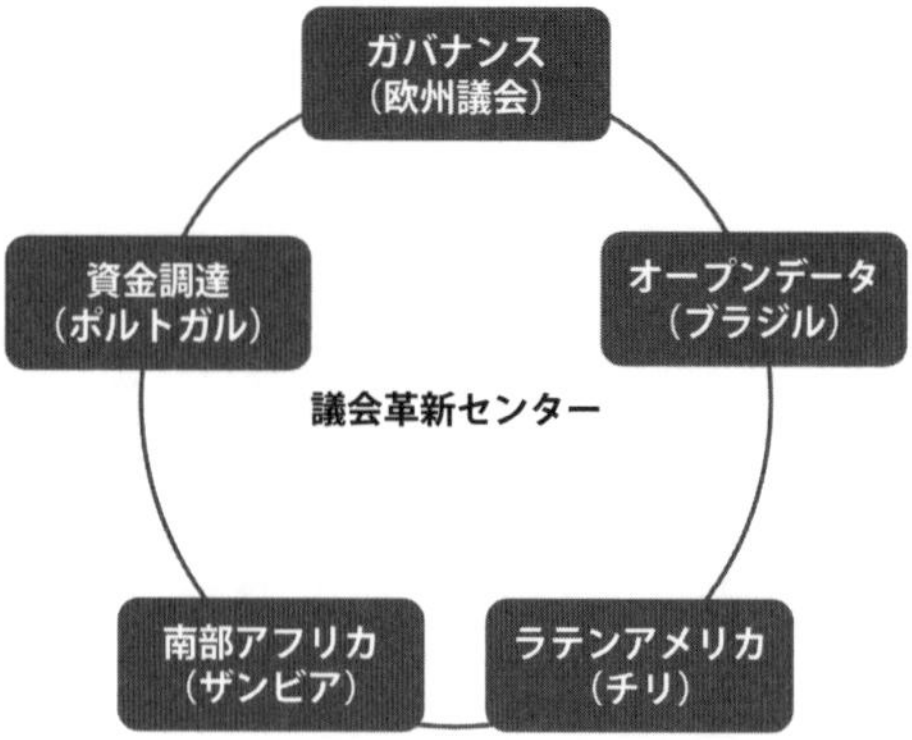

図表６－３　議会革新センターの分散型構造

ンをサポートすることを目的としています。二〇一六年の前回会議で、各国議会のデジタル技術革新を支援する組織が必要だということになり、二年間かけて、列国議会同盟とコアグループとなる国々が設立準備をしてきたそうです。

たにぐち　コアグループは、どのような国で構成されているのですか。

川本　ブラジル、チリ、ポルトガル、ザンビア、欧州議会です。コアグループ各国が、テーマごとに独立したハブとなる、分散型の構造となっています。センター全体のガバナンスについては欧州議会、オープンデータについてはブラジル、ラテンアメリカ地域についてはチリがハブとなる、という具合です。ラテンアメリカと南部アフリカには地域のハブが設けられており、地域全体として、各国議会の情報化を進めていこうという、強い意欲を感じました。テーマ別のセッションでは、各国議員が連携を深めたはずです。かえすがえすも日本の国会議員が参加していなかったことが悔やまれます。

余地の大きい議会のICT化

シシド　先程、各国議会・議員に対するアンケート調査とおっしゃいましたが、各国の現状などもわかるのでしょうか。

川本　各国の議会と議員に対し、情報通信技術の活用に関する質問票を送り、八五か国の一一四議会、八四か国の議員一六八名が回答しました。日本は、衆議院と参議院のそれぞれが回答し、国会議員による回答は含まれていませんでした。

たにぐち　活用の進展については、地域によるバラツキもあるのでしょう。

川本　国ごとのランキングはありませんが、デジタル発達度（Digital Maturity）という相対的な指標が算出されています。上位二〇か国にはやはりヨーロッパの国々が多く見られるものの、南北アメリカもかなり上位にいることがわかります。国の数を考えてみると、ラテンアメリカの国々がかなりがんばっているといえます。一方、アフリカやアジアは後れを取っています。

シシド　トレンドとしてはどうですか。

川本　二〇一六年にも同様の調査がありまして、これと比較したときに注目されるのが、アフリカとアジアです。二〇一六年調査では、下位二〇か国の半数以上がアフリカでした。ところが二〇一八年調査では、下位グループに占めるアフリカ諸国の割合がかなり減っており、上位に入る国も出てきています。一方のアジアは、二〇一六年から一八年にかけて下位国が倍増しており、相対的低下が顕著です。

たにぐち　国の経済力とも関係がありそうですね。

川本　そのとおりです。経済力による情報通信技術力の格差は無視できない課題です。先程紹介したイタリアのアプリやスリナムのオンラインプラットフォームのようなものは、立法マネジメントシステム（legislative management system）と総称されます。この立法マネジメントシステムの導入割合を国の所得（一人当たり国民総所得）別に見たデータもあり、所得の高い国ほど導入している割合が高いことが一目瞭然です。議員や議会スタッフ向けの情報通信技術研修も、所得が高い国のほうが充実しています。

シシド　世界電子議会会議は単発のイベントではなく、今回で八回めです。この間に情報通信技術も大きく進歩してきました。このように時系列的な変化を追跡できるのは大きな意義がありますし、日本にとっての学びも大きいですね。

川本　たしかに、議会のＩＣＴ化について集中的に議論する意義は小さくありませんが、個人的には先進的とされる国の議会でも、ほんとうの意味での先進技術の実装は

地域	上位20か国 2016年→2018年	下位20か国 2016年→2018年
アフリカ	0→2	11→7
南北アメリカ	7→7	0→0
アジア・太平洋	2→1	3→6
ヨーロッパ	10→8	4→6
中東	1→2	2→1

出典：World e-Parliament Report 2016, 2018

図表６－４　デジタル発達度の上位・下位20か国の地域別内訳：2016年と2018年の比較

まだ検討段階にあると感じました。例えば、ＡＩの活用というセッションがあったのですが、そこで話し合われていたのは、会議の文字起こしや翻訳、議事録の作成などマニュアルの仕事を自動化するという活用の仕方にとどまっていました。この点で、今後のやりようによっては、日本の国会にも世界のトップ集団に躍り出るチャンスはまだ残されていると思います。

＊　＊　＊

電子化が可能にする、議会の新しいあり方

シシド　議会のタイプとして、議員間の意見を調整して成案を得ることが主な役割となる変換型議会と、与野党が議論を闘わせることに軸足を置くアリーナ型があると言われています[8]。

たにぐち　日本の国会は、どちらかと言えばアリーナ型に近いかな。内閣提出法案は、ほとんど実質修正なしで成立しますから。

8　ポルスビーという政治学者による分類です。

シシド　それならば、日本は四本柱のうち公開性の向上に、まず力点を置くべきです。変換型議会なら、スリナムのように議員間の議論を支援することから着手すべきでしょう。

たにぐち　地方議会に先行させる、という手もありです。自治体レベルで議会革新センターを作ってはどうでしょう。

シシド　総務省の「町村議会のあり方に関する研究会」が、現行議会のあり方以外の新たな選択肢をいくつか提言しました。[9] その一つに、非常勤、すなわち他に職業を持ちながら、夜間や休日だけ集落などの代表として議員の仕事をする多数参画型というあり方も提案されているのですが、これは電子議会と相性が良いと思います。

たにぐち　ブラジルのようなソーシャルネットを介して議会審議に人びとが関わる仕組みを応用すれば、第II部で話をした熟議民主主義や討論型世論調査とも接続できそうです。

シシド　例えば、討論型世論調査の討論フォーラムで専門家が質疑に応じるところを、賛成派と反対派の議員に人びとが質問する、とかですかね。

9　町村議会議員のなり手不足対策として、現行議会の他に、①少数の専業的議員に、くじなどで選ばれた議決権のない議会参画員が話し合いに加わる集中専門型、②多数の非専業的議員から成り、主に夜間・休日に会議を行う多数参画型、という新しい議会のあり方を選択できるようにする、という提言が行われました。

他にもいろいろ工夫できそうです。

たにぐち　代表制民主政治の本丸である議会を、人びとの熟議によって支える、という考え方を二回路制民主政治[10]と言います。テクノロジーで二回路制民主政治の実現可能性を追求すべきでしょう。

シシド　議会の公開、人びとの参画促進ときたら、最後は議決ですね。

たにぐち　冒頭で話題に出た、国会での遠隔投票に関する議論も納得できないな。議場にいないと採決に加われないという理由で、女性議員が妊娠・出産をためらうなんておかしい。

シシド　二〇一九年参院選で当選した、重い身体障害を持つ議員のために、参議院本会議場が改修されました。採決時に、介助者が代理で賛否の押しボタンを押すことも認められました。それ自体は良いことですが、バリアフリーの話にとどめずに、妊娠中や出産直後の女性であっても、障害をもつ人であっても、そして病気や事故で議場に来られなくても、代表としての役割を十分果たせるような議会のあり方を検討するきっかけにしてもらいたいところです。

10　本来の回路が議会制、それを熟議というもう一つの回路で補完するというイメージです。

本章のポイント

◎電子議会化は、単なる情報通信技術の活用という手段にとどまらず、それを通じて、公開性の向上、人びととの参画促進など新しい価値を創造する目的を持つ。

◎イタリアやスリナムでは、各種手続きや議員間のコミュニケーションの効率化のために、モバイルアプリを制作したり、オンラインプラットフォームが提供されていたりする。

◎インドネシアでは議会のモバイルアプリで陳情や請願を行うことができ、ブラジルでは、オンラインプラットフォーム上で人びとが法案を発表したり、審議中の法案にコメントや賛否の投票を行えたりする。

◎議会革新センターという列国議会同盟と各国議会のパートナーシップ組織が立ち上げられたが、日本の国会の存在感は薄い。小手先の国会改革ではなく、民主政治の深化のためにテクノロジーをもっと活用すべき。

おわりに〜政治学者たにぐちと憲法学者シシドが振り返る〜

規範的な問題を議論しよう

たにぐち　これまで六つの章で、第四次産業革命が政治に与えるインパクトについて、いろいろ専門家の方々にお話をうかがってきました。シシドさんの感想は、いかがですか。

シシド　私も、情報法の勉強をしているのですけれども、今はそんなことになっているのか！　と驚かされる話ばかりでした。とても勉強になりました。

たにぐち　この本の序章で、第四次産業革命と政治の関係について、ばんえい競馬のたとえを出したのを、覚えていますか。

シシド　もちろん、先輩がおっしゃったことですから、忘れたくても忘れられません。第四次産業革命を政治に実装するためには、越えなければならない二つの山がある、というお話でしたね。

たにぐち　そうそう。技術的な課題と、民主主義への問いの二つがあると、私は思っていました。そして、このうち一つめの山、例えば電子投票を導入したときに投票の安全が確保されるのかどうかといった問題は、この本でいろんな方の話を聞いているうちに、乗り越えられるんだろうという印象をもちました。

シシド　そうですね。これまでも技術の発展によって新しい課題は起きるけれども、まさに技術の発展がそれを克服してきたことも多いと思います。それに対して、民主主義への問いという二つめの山はどうですか？

たにぐち　その問題は、「どうあるべきか」という規範的な性格が強い問題ですね。ですから、これからシシドさんの話を聞きながら、まとめていきたいと思います。

シシド　たにぐちサンがまとめてくださるのではなかったんですか？

たにぐち　だって、シシドさん、憲法学者でしょ？

憲法と政治の仕組み

シシド　えーーっ、そう来ましたか……。それでは、政治の仕組みに憲法が関わっている、というそもそもの話から、始めてよろしいですか。

たにぐち　おかしなところがあれば、どんどん指摘しますので、どうぞ。

シシド　わ、わかりました。

世の中では、憲法学者というと、憲法9条と自衛隊の話だったり、基本的人権のことばかり考えているように思われがちなのですけれども、もともと憲法というのは、国の政治の仕組み（統治機構）に関する基本的な法なのです。

たにぐち　「この国のかたち」ですね。

シシド　その統治機構を支える理念は、大きく三つあると思っています。第一は、個人の自由を確保するということ。第二は、国民による自己統治、デモクラシーで、この本の内容に直接関係しています。それから、忘れられがちですけれども、責任ある実効的な統治、権力の行使を確保するということも、現代の統治機構の大切な目標です。

こういった統治機構をつくるためのアウトラインは、リベラル・デモクラシーの国々では、だいたい歴史的に確立しています。それが、法の支配、権力分立と国民主権という、中学校や高校でも教えられている、三つの基本原理です。[1]

たにぐち　でも、リベラル・デモクラシーといっても、日本は議院内閣制、アメリカは大統領制といったように、政治の仕組みは違うけれども？

シシド　先程述べた理念を、基本原理を組み合わせながら、どうやって現実の制度に落とし込むかは、時代や国ごとに多様です。当然、制度設計（デザイン）として上手いか下手かが、現実の政治との関係で問題となります。必要であれば、憲法改正を含む、制度の見直しを行うことになります。

1　例えば独裁国家では、権力分立という原理が落ちています。その結果、国民主権のあり方も、複数の政党が競争して政権交代がうまれるということもなく、法の支配も政府が国民に命令するという側面が強くなってしまいます。

たにぐち　付け加えて言うと、制度の運用（プラクティス）も重要ですね。頭のいい政治家や学者が一生懸命考えて憲法や制度をつくってみても、思ったようにいかないこともある。逆に、ドタバタでつくった制度でも、当初のデザインとは違うんだけれども、意外とうまく運用されることもある。

シシド　そうした問題は、政治学や政治史の研究から教わることが多いですよ。

たにぐちサンがよく聞かれるという、「どうして政治はこんなに遅れているんだ？」という疑問についても、こうした政治のあるべき姿、理念と、制度設計の問題、そしてそれが現実に作動するための条件といった、さまざまな視点から考えていくことになります。

「国民」はデザインされた存在

たにぐち　それでは、日本のデモクラシーの制度はどうなっているのでしょうか。

シシド　日本国憲法は、前文や第一条に書いてあるとおり、国民主権の原理に立っています。しかし、同じ「国民」と言っても、本当は政治との関係でさまざまな形を取る存在だということに注意が必要です。

たにぐち　学者っぽい表現で、難しいなあ。どういうことか、もう少しわかりやすく説明してくれますか。

シシド　直接民主主義でイメージすると、目の前にいる有権者だけが大事だと考えがちですけれども、本来は、過去から現在、未来を通じた「全国民」（ネーション）が主権者なのだ、というのがふつうの国民主権の理解です。そんな主権者は、今・この場所に実在するわけではなくて、観念的な存在でしかないんですけれども、そういった中長期的にあるべき国の政策を考える、あるべき国民の総体が、憲法の下で統治機構をつくり、支えているという、物語ですね。

たにぐち　そのことは、憲法第四三条が、国会議員のことを「全国民を代表する」と呼んでいることにも、現れているね。[2]

シシド　そのとおりです。そしてその全国民である国会議員は「選挙された」議員でなければならない、というのも憲法が定めているとおりです。

2　憲法第四三条一項　両議院は、全国民を代表する選挙された議員でこれを組織する。

有権者の集合体としての「国民」は、先程の全国民に比べると、現実に存在しているように見えますけれども、実際には、国会議員を選挙するために、憲法や公職選挙法などで組織された、制度でつくられた存在です。

たにぐち　でも、選挙で投票する以外にも、私たち有権者は、ＳＮＳで政治について議論したりしているけれども。

シシド　それが三番めの「国民」、私たち一人一人の個人です。私たちは憲法が保障する表現の自由を行使して、ネット上で意見表明したり、デモに参加したり、国会議員に働きかけたりします。

さらに、そうした私たちの表現の自由と密接に関わる存在が、マスコミです。新聞や放送は、選挙の際に有権者がどの候補者に投票すべきか、その判断の資料を提供するなどして、世論形成に強い影響力を持ってきました。これは「国民」の知る権利に奉仕するはたらきということもできます。

たにぐち　なるほど、デモクラシーは、シシドさんのいう多様な「国民」のあり方を組み合わせているということですね。私も、中学校の公民の教科書では、直接民主主義には限界があるということを書いていますが、だいたい同じ考えだとわかりました。

シシド　もう一つの視点として、日本国憲法は、正統性（レジティマシー）と責任を組み合わせて、統治機構を設計しています。

まず有権者が定期的な選挙で、国会議員を選びます。そして、国会が首相を指名し、そして首相が内閣を組織して、財務省や総務省などの行政各部を指揮監督する。こうやって、なぜ権力の行使が正しいのかという根拠、正統性が、有権者から国会、内閣、内閣から行政各部へ流れていきます。

他方で、財務省や総務省の権限行使に問題があった場合には、まずは行政各部の責任ですが、それには内閣が国会に対して責任を取り、最終的には有権者が選挙で国会や与党の責任を追及する、という流れが確保されています。

たにぐち　しかし、独裁国家でも選挙さえやっていれば、そうした正統性と責任の連鎖はある、と強弁できるような。

シシド　そのとおりなのですが、日本のようなリベラル・デモクラシーの国では、議会で与野党が公開で審議することで、手続き的な正しさも確保しようとしています。

それから、現代の行政は複雑多様ですので、内閣の下の行政各部は、専門的にも正しくなければいけない。その正しさを確保するために、公務員が全体の奉仕者でなければいけないということと、行政訴訟などで裁判所の法的なチェックを受けるというのが、憲法の統治機構の仕組みです。

第四次産業革命のリスクとチャンス

たにぐち　シシドさんは、そのようなデモクラシーのデザインに、どのような問題があると、考えていますか。

シシド　憲法のデザインは、複数の政党が選挙や国会の審議で競争し、切磋琢磨することで、正統性が調達されたり、責任が追及されることを意図しています。しかし現在は、それがうまくいっているように見えないのが最大の問題です。たにぐちサンはじめ多くの政治学者も関わるかたちで、政治改革が行われましたが、実際には二大政党制にならずに、自民党が強い、「一強多弱」になっていますね。

参議院が衆議院とほぼ同等の権限をもっていることも、憲法のデザインの問題点として議論されてきました。衆議院と参議院の多数派が異なる、いわゆる「ねじれ」現象が起きたらどうするのか。逆に、衆議院と参議院の多数派が同じ場合には、参議院は無用の長物ではないのか、という問題です。

たにぐち　その二つは、これまで政治学もよく議論してきた、いわば古典的な問題です。さらに新しい問題が第四次産業革命によって投げかけられているということが、この本のテーマでした。

シシド　そうですね。この本では、①政治に関する情報流通の変化（第Ⅰ部）、②民主政治における新しい合意形成の仕組み（第Ⅱ部）、③政治制度のアップデート（第Ⅲ部）を、順番に議論してきました。

①については、ＩＣＴ（情報通信技術：Information and Communication Technology）の発展によって、民主主義を支える世論形成のあり方が動揺していることを、古田さんから教えてもらいました。また、そうしたメディア環境の変化に、うまく対応できている政党とそうでないものが

あって、政党間の公平な競争を考える上で、新しい視点を示していただいたと思います。

②については、新しいＩＣＴの環境で、有権者の「熟議」によって合意が形成されることは期待できるのだろうか、逆にテクノロジーを利活用して、熟議民主主義に役立てられないか、田村さんと柳瀬さんの話をうかがいました。

最後の③ですが、テクノロジーを使って選挙制度の実効性を高められないかという問題について、政府の最新の取り組みを森さんに教えてもらいました。また、川本さんは、議会の電子化によって、国会の審議の質を高めることの意義について、他の国の議会の取り組みなどを紹介してくれました。

こうして振り返ってみると、第四次産業革命は、デモクラシーを壊してしまうかもしれないし、逆にバージョンアップしてくれるかもしれない。新しい挑戦と可能性をもたらすことは、間違いないと思っています。

たにぐち　リスクと同時にチャンスでもある、ということですね。

立法や審議のあり方が変わる

シシド　ここから先は、規範的な問題を個別に分けて、たにぐちサンと議論したいと思います。まず憲法のデザインの本丸にある、国会と第四次産業革命の関係については、立法のあり方と、議事運営のあり方が問題になります。

たにぐち　立法はアウトプット、議事運営はプロセスとも言い換えられますね。

シシド　今の立法の多くは、なにかしら抽象的な正義を実現するというよりも、現在の社会における不平等の解消のためとか、公益の増進のために、具体的な事実関係を調べて、その事実にフィットする政策手段を投入するという形で、法律をつくっています。そのような事実関係を、「立法事実」と呼んでいます。[3]

たにぐち　その立法事実というのは、ビッグデータにつながりそうだね。今後の国会は、ビッグデータを分析し、それを立法事実に変換して、法律

3　裁判所は憲法違反の法律を無効と判断する権限（違憲審査権）を持っています（憲法第八一条）。そして、法律が憲法に違反すると最高裁判所が判断する場合にも、人権を制限するだけの立法事実がないとか、立法した当時はあったけれども、長年の間に社会が変化して、そのような立法事実がなくなったという理由づけを取ることがほとんどです。

をつくったり廃止したりしましょう、ということになるのでは。

シシド　私もそう考えています。立法事実というと、自然科学的なファクトのようにも聞こえますが、現実には、こういう政策手段を投入すれば、こう世の中が変わっていくだろうといった、事実の評価や予測も含みます。そして、現実には評価、予測が難しいからこそ、国民に責任を負う国会が、「えいや」と決めるという権限があると考えられてきました。この権限は、「立法裁量」と呼ばれます。

立法裁量があるのは事実の評価、予測が難しいからですので、今後、ビッグデータやAIを使いこなして、予測の精度を上げていくことが求められていきますね。

たにぐち　これまでは、法律を制定する時には立法事実があるのかどうかということが細かく議論される反面で、一回立法してしまったら、改正や廃止されるまでそのまま効力を持つことが前提だったと思うのですが、それも変わりそうだね。

シシド　立法時の予測が外れたことがデータでわかったら、自動的に法律を廃止するという仕組みも、考えられます。

たにぐち　それに、「特別措置法」といって、一定の期間だけ効力を持つ法律もありますね。実際には国会が半ばは自動的に延長してきたのですが、今後は、あらかじめ継続の条件になる予測を書き込んでおいて、それが外れたら見直しをする、ということもできそうだね。立法のあり方が根本的に変わってくるというか。[4]

シシド　議事運営についても、似たような変化が考えられます。政府の持っているデータは、あらかじめ公開を前提にして作成するという、オープンデータ・バイ・デザインという考え方があります。[5]川本さんが報告してくれたとおり、国会議員の先生方が使っている立法資料をICTを使って公開する際にも、あらかじめ公開を念頭に置いて作り込むべきだと思います。

たにぐち　しかし、そのためには、国会自身が国政のデータベースを構築する仕組みを用意しないといけないね。国立国会図書館は、ただ本を集めるだけではなくて、国会議員のためにさまざまな調査をしていますが、そ

4　経済産業省の「Society5.0における新たなガバナンスモデル検討会」は、二〇一九年に報告書（案）「Governance Innovation ――Society5.0の時代における法とアーキテクチャのリ・デザイン」を公表しています。そこでは、第四次産業革命において、これまでの産業分野ごとにビジネスを規制する業法を、サイバー空間上のアーキテクチャと連動した法体系に見直していくことが、提言されています。

5　政府は二〇一七年、「オープンデータ基本指針」を策定し、その中でオープンデータ・バイ・デザインの考え方を採用しています。

の現代版だね。

シシド　すでに第6章では遠隔投票も話題になりましたが、ＩＣＴの活用により議事運営を効率化することも、考えていくべきだと思います。

それに、立法事実に基づいて法律をつくる際には、誤った情報を前提にしないということも大事です。政府が統計データを立法事実として国会に示して法律案の可決を求めた際に、国会の側で、データサイエンティストを雇ったり、ＡＩを使ったりして、それはどうも違うんじゃないか、というプロセスを国会審議に組み込むことも、考えられます。

たにぐち　それは、従来の参考人質疑や公聴会のＡＩ版だね。

国会中継もＡＩが解説？

シシド　自然言語の学習や分析が進化して、首相の発言がこれまでと整合しているのか、今この議員の発言によって議論の流れがどう変わったか等をＡＩに分析させると、熟議の質の向上に貢献するかもしれないですね。

たにぐち　将棋の観戦でＡＩが使われているのと同じように、ＮＨＫの国会審議の中継も、『今は財政再建派が経済成長派よりも優勢だ』とAIは予測しています」とか言うようになるかも。

国会の審議との関係で、他のAIの使い方は考えられませんか。

シシド　妄想みたいで恐縮ですけれども、世代間公平を実現する道具としてAIを使えないか、議論してみたいと思います。

国民主権という場合の国民とは「全国民」のことですので、有権者も将来世代のことも考えて投票するし、選挙された国会議員も、そういった未来のことを考えた上で、現在何があるべき政策かを議論するというのが、理想です。しかし、若い世代は、選挙に参加できるけれども数が少ないし、選挙に参加できない将来世代もいる。このような「シルバー・デモクラシー」は最近、特に財政赤字との関係で問題になっています。

そこで、例えば、政策がこのままだったら、二〇年後にはどうなるかをAIで予測して、将来世代のアバターが国会で「あなたたちが二〇年前にこういう法律をつくったから、私たちはこんなに困っています」と発言して、国会議員も考え直すというような使い方はどうでしょうか。

たにぐち　なるほど、政治家とＡＩの討論は聞いてみたいけれども、ＡＩが将来の予測として信頼できるかどうかが、鍵になるのでは？

シシド　一般に、ＡＩの学習用データにバイアスが含まれていると、ＡＩの判断が妥当か疑わしくなりますし、しかも人間にはそのこと自体がわからない可能性もあります。これまで「お役所がこう言っています」というのを信じ込んでいたのが、これからは「ＡＩがこう言っています」みたいなことが起こりかねないですね。[6]

たにぐち　先程将棋の話をしたけれども、それでも一手、二手、手が進めば予想が変わる。それと同じで、二〇年後、三〇年後まで考えると唯一の解を導けるという話ではない。むしろ、現在のところこういう手がある、その手を打てば予測が変わるという使い方になるのでは。

シシド　そうですね。ＡＩ同士に学習をさせて、政策の賛成反対の理由づけを洗い出すとか、どういう前提条件であればどちらに振れるのかといった、議論の補強に使うのが現実的だろうと思います。

そして、そのように、国会議員がＡＩを審議の支援のために使おうと思

6　政府が二〇一九年に策定した「人間中心のＡＩ社会原則」では、人びとが、ＡＩの利用によって、不当な差別や扱いを受けないように、公平性・透明性のある意思決定とその結果に対する説明責任が適切に確保され、技術に対する信頼性が担保される必要があることを、うたっています。

えば、すぐに使えると思います。憲法では、国会の議事運営のやり方について、衆議院、参議院に議院自律権が保障されており、その自律権を使えば、AIに投票権を与えるといった極端なことを除けば、大抵のことはできるはずです。

ただ、これまでのところ国会はそうしたテクノロジーを使おうとしていないし、ICTによる議事運営の効率化や公開も進んでいない。私たち国民の側から、「国会審議デジタル化法」みたいなものをつくるべきだと言っていく必要もあると思っています。

たにぐち　今後の政治改革、あるいは国会改革の大きな論点になりそうだね。

政治参加をどう確保するか

たにぐち　国会の外の、私たち一人一人の政治参加の問題に、第四次産業革命がどのような影響を与えるかも、議論したいね。

シシド　自由選挙の原則に見られるように、政治参加は国民の義務ではなくて、自由や権利の問題です。国会や内閣についても、政党の活動がなければ回っていかないわけですが、その政党のことも日本国憲法には書いていない。憲法は集会結社の自由や政治活動の自由という前提条件を保障するだけで、あとは私たちが自発的に参加することに期待しています。

たにぐち　その結果として、政治参加する人というのは、政治のために自ら身体も動かし、時間もかける、ある意味では奇特な人に限られる。それに、政治活動にはかなりお金がかかるし、継続的な組織も必要になる。そうすると、政党とか圧力団体に組織化されない人びとは、政治参加しようと思っても、うまく行かないという構造になっていた。

シシド　ＩＣＴの普及によってそうした状況は変わるのかなと思っていたこともあるのですけれども、政党や圧力団体はまだまだ強力です。小口さんが教えてくれたように、メディア環境にうまく対応している政党もあって、たにぐちサンの言うことは今も変わっていないと思います。

たにぐち　先程シルバー・デモクラシーの話が出てきましたが、若い世代の政治参加をどう促していきますか。

シシド　第1章でも出てきたとおり、政治的コミュニケーションの媒体は世代によって二極化しています。その結果、若い世代にはネット、年配の世代にはテレビのように、政治参加のルートも打ち分けることが考えられます。しかし、ルートがばらばらだと、受け取る側にも発信する側にも、戦略的な操作の余地が生まれるのではないか、というのが論点ですね。

若い世代の人にとって、ネットでの議論に参加するというだけではなくて、政治に何かしらの影響を与えた、政策が変わったという手応えが実感できないと、政治参加する気力は起きないのではないのでしょうか。

たにぐち　社会システムデザイン論で出てくる「体験」の提供みたいな話だけれども[7]、ICTは本来、それに向いたツールだろうね。

シシド　ただ、ICTにウェイトがかかればかかるほど、それがうまく使えるか使えないか、あるいは、AIの仕組みがわかっているかどうかによって、政治的コミュニケーションの力量に差が生じ、不公平な事態が起きるリスクもあります。

それから、先程話したように、既存のさまざまな格差がAIによって増

7　ティム・ブラウン、千葉敏生訳『デザイン思考が世界を変える――イノベーションを導く新しい考え方（アップデート版）』早川書房、二〇一九年。

幅される結果、今、政治的影響力のある人たちとそうでない人の差が拡大しないかということも、注意が必要です。

たにぐち　法律家は心配性だなあ。でもそのとおりですね。

シシド　大風呂敷を広げると、「全国民」のための政治、良き政治のために政治参加が必要なのだと考えるのであれば、それを私たちの自発性に任せたままでいいのか、というのが、重大な問題だと思っています。

先程お話ししたように、リベラル・デモクラシーの前提は、自由を保障しておけば、勝手に人々が政治参加する、政党が維持されることに期待していたわけですが、本当にそうなのか。選挙には「公務」としての側面があるとされていますが、それと同じように、政治参加についてもデザインしていく必要があるのではないか、ということです。

たにぐち　これは大きな問題提起だね。田村さんのように熟議民主主義を論じる人は、市民は政治に参加する義務があるんだという共和主義的な発想を背景にすることが多いけれども、シシドさんも隠れ共和主義者だったのか。

シシド　憲法学者の中にも、選挙前の一日くらい、みんなが集まって立場を越えて議論する義務を課す、いわば「熟議の日」を置いたほうがいいという考え方もあるくらいです。[8]

ただ、そこにはデザインが絡むので、いわば民主主義のアーキテクチャを誰が設計、管理するのかという問題が出てきます。私は小心者なので、その操作によって、根底的にデモクラシーが覆される危険が、怖ろしいところです。

たにぐち　現在の主権者教育は、できるだけ自発的に政治参加することを勇気づけて促していく方向だけれども、それで十分ということかな。

シシド　結局、政治参加の促進にＩＣＴやＡＩが役立つといいな、と思うのです。

たにぐち　そうすると、国政よりも地方政治のほうが、政治参加を促す場としては適しているね。まさに「民主主義の学校」として期待したいね。

選挙制度も変えられる

8　ブルース・アッカマン／ジェイムズ・S・フィシュキン、川岸令和／谷澤正嗣／青山豊訳『熟議の日——普通の市民が主権者になるために』早稲田大学出版部、二〇一五年。

シシド　同じようなことは、デザインされた制度の最たるものである、選挙についてもいえます。電子投票を導入すると、連記制[9]等のように、従来よりも複雑な選挙制度がやりやすくなる部分があります。今までは、既存の投票の方式に縛られて、どういう制度が可能だろうかというように、議論の枠がぐっと狭められていました。電子投票により、あるべき選挙制度とは何か、もう一度更地からデザインし直すこともできますね。

たにぐち　それはそれで、従来の「選挙の公正」という発想から離れていく危険があるので、慎重なシシドさんはとりにくい発想では？

シシド　そのとおりです。選択肢が広がれば広がるほど、逆に、誰がどういう場で調整して決めていくのかが、問題になってくるだろうと思います。

それから、物理的に紙ではなくて、電子で投票するのであれば、第五章で紹介されたエストニアのように、投票日を広く取って、あとから投票のやり直しを可能にすることもできる。そうすると、選挙とか投票のイメージが根本的に変わってくる。

たにぐち　選挙運動期間をどう設定するか、選挙運動規制の問題も、新た

9　参議院議員選挙で定数二以上の選挙区でも、私たち有権者は一人の候補者にしか投票できません。このような投票の仕組みを単記制といいます。これに対して、複数の候補者に投票できる仕組みを、連記制といいます。

に考え直せるかもしれないね。[10]

シシド　そもそも選挙区の捉え方も変わっていくかもしれません。良い候補者を選ぶために全国を選挙区に分けているのだとすると、選挙区のサイズは、候補者の人柄が有権者にわかる規模がほどよい。しかし、テクノロジーが発展すれば、別に選挙区は大きくても、有権者と候補者の間のコミュニケーションが日常的に成立しているのであればいいや、という考え方もできると思います。

たにぐち　そもそも選挙区を固定する必要はあるのかな。一票の格差も、AIを使って毎回機械的に区割りをし直せば、解決するのでは。

シシド　論理的にはそれも可能ですよね。でも、毎度毎度、選挙制度や選挙区をいじっていくと、ゲリマンダリング[11]のような不当な操作が行われる可能性がある。また、特に小選挙区制では、一つの選挙区の有権者の政治意識はそんなに変わらない、その選挙区から選ばれた現職が有利だけれども、任期中の責任を問われて落選することがある、という形で候補者が争っている。そういうものとして、選挙区を法律でさしあたり固定している

10　選挙運動期間の前に選挙運動をしてはならない、選挙運動として戸別訪問はしてはならないなど、公職選挙法には選挙の公正を確保するための厳しい選挙運動の規制があります。

11　政党支持者が特定の地域に偏っている場合には、その地域を他の地域とくっつけたり、逆に分割したりした選挙区を作ることで、その政党に有利になることがあります。このような、

と考えるべきではないかとも思います。

それから、一人一票原則は何のためにあるのかも、考え直すことができると思います。

たにぐち　憲法学者はみんな、法の下の平等（憲法第一四条）から、一人一票原則は当然だと考えているんじゃないの。

シシド　本音を言うと、テクノロジーが進むと、政治参加に熱意があるかどうか、政治に関心があるかどうか、政治的知識が多いかどうかなどなど、有権者の政治的影響力の重み付けをするというような投票制度は、可能かもしれないないという気もします。しかし、そうではなくて、有権者一人一人に、あえて機械的に同じ政治的影響力しか与えないというのが、一人一票原則の意味です。

たにぐち　そもそも第四次産業革命時代の選挙というのは、意思決定の方式としてはその程度のものだと。

シシド　ひとまず候補者の中から全国民の代表としてふさわしいと思われる政治家を選ぶという意味では選挙は重要な制度ですが、それ以上のもの

党派的な目的で不自然な区割りを行うことを、ゲリマンダリングといいます。一九世紀前半のアメリカで、ゲリーという州知事が、想像上の怪物サラマンダーに似たかたちの選挙区をつくったことから、こう呼ばれています。

ではないという割り切りが必要でしょう。「勝てば官軍」、選挙独裁のようなことは考えるべきではない。むしろ、選挙で選ばれた政治家が全国民のためにしっかり議論すべきだとか、個人一人一人が継続的に政治参加できることの価値を高めていくべきだと思います。

プラットフォームとメディア

たにぐち　第1章で議論したメディアやSNSについては議論しなくていいかな。

シシド　少しだけ言わせてください。SNS、特にプラットフォームサービスについては、フィルターバブルとか、フェイクニュースのように「影」の側面が強調されています。しかし、ここにぴったり合った選挙運動規制、政治運動規制ができるかというと、かなり難しいところがあります。

それから、プラットフォームが第四次産業革命時代の社会基盤であり、若い世代の政治的コミュニケーションの場になっていることも、見逃してはならないところです。ある意味で日本の企業よりも、GAFAのほうが表現の自由やプライバシーを大事にしていて、多様な政治的コミュニケーションを可能にしていることも事実だろうと思います。

たにぐち　海外事業者が、政治的コミュニケーションの場を握っているということに、気持ち悪さは感じない？

シシド　たしかに、プラットフォームの構造を利用して、特定の勢力が政治的コミュニケーションをねじ曲げると民主主義が死んでしまうので、最後のところで政府として、「これはやめてくれ」と言える必要はあると思っています。それは、事業者がフェイクニュースを野放しにする場合だけでなく、政治的な内容の投稿をフェイクニュースと間違えて削除する場合についても、当てはまります。

したがって、表現の自由に配慮して、政府の介入はできるだけ最小限度にする。そして、海外事業者が日本のメディアや市民、ファクトチェック団体などと対話して信頼関係を強めるフォーラムをつくっていくのが望ましいと思います。

たにぐち　シシドさんが座長を務めた、総務省の「プラットフォームサービスに関する研究会」の最終報告書も、そんな内容だったね。

シシド　古田さんの話からは、第四次産業革命によって、既存の新聞や放送のビジネスモデル、そして企業ジャーナリズムのあり方が変わっていかざるを得ないと、改めて感じました。複数政党制とメディアの多元性が、リベラル・デモクラシーの礎石だといわれてきたのですが、メディアの経営基盤と質の高い競争が強化されるような取り組みが望まれます。

「ポリテック」の対象は政治そのもの

シシド　それからもう一つ、行政のあり方についてももっと議論があり得るかと。

たにぐち　今「電子民主主義」とか「電子政府」として盛んに議論されている問題の中心は、行政に関わる部分が中心ですよね。

私が最近違和感を覚えたのは、永田町方面の「ポリテック」という言葉です。「テクノロジーを実装することによって」と言いながら、実例として挙げられるのは、介護ロボットで無理や無駄が省けるというような話です。しかし、無理や無駄を省くんだったら、政治がまず最初じゃないか、と私には思えたんです。

そもそも議会も歴史的な経緯でつくられた制度ですので、第四次産業革命は、その見直しというインパクトも持っているのではないか。行政の部分の電子化は、既にいろんなところで議論されているので、それ以前の、国民が考えて、代表を選んで、決めていくプロセスにどういうインパクトを与えるのかを考えてみようというのが、私の問題意識でした。

シシド　そうだったんですか。

たにぐち　あれ、声をかけたときに説明しなかったかな？　とにかく、この本では、先進事例としてのエストニア、電子投票の試み、電子議会の議論などから、技術的な課題を考えてきました。

二つめの規範的な課題についても、専門家のみなさん、そしてシシドさんと議論して、もちろん答えが出たわけではないけれども、問題のあり方がだいぶ明確になってきました。

例えば国会については、技術的にはさまざまなことが可能になっているけれども、それは議院自律権とか、国会中心主義のような原理原則に関わってくる。あるいは選挙について、電子投票を可能にすると、中学の教科書にも書いてある、秘密投票の原則に関わってくる。あるいはジャーナリズムの話になると、これまでの企業ジャーナリズムを中心に回ってきたジャーナリズムの世界のあり方が問われてくる。

そういう原理原則まで、一回ゼロベースで考え直す。「こういう原則だから、このテクノロジーは使っちゃだめだ」という結論ありきではなくて、むしろそこは乗り越えなければいけないという問題意識です。

ですから、ポリテックと言っている政治家の先生方も、技術を実装するという話ばかりではなくて、技術を実装するためには、新しいデモクラシーの原則が必要なんだということを論じてくれないと困る。それが第四次産業革命時代の民主政治家に求められる「構想力」ではないかということが、この本で見えてきたことだと思います。

シシド　新しいテクノロジーによって新しい問題が生ずるだけでなく、既存の制度や考え方が見直されるし、逆に新しい光が当たるという両側面があると、私も思いました。

たにぐち　政治家も国会改革を議論していると、原理原則を考えざるを得ない。代理投票一つ考えても、最後は「全国民の代表とは何か」というような岩盤にぶち当たるわけです。

だから、私たちが「ポリテックの対象は政治そのものですよ」と言えば、政治家も「やられた」というのでなくて、「そうなんだよ」と思うはずです。そこからさらに、それは国会改革だけの話じゃなくて、政治的コミュニケーションも、熟議も選挙のあり方も、デモクラシーに関わるすべての問題について当てはまるんだ、と気づいていくと思います。

シシド　政治家だけでなく、多くの国民の皆さんが、この本を読んで、そう感じてくださるといいですね。声をかけてくださり、ありがとうございました。

たにぐち　また何か頼むかもしれませんよ。ありがとうございました。

あとがき

ドラマ風に言えば、本書は「事実に基づくフィクション」です。著者（谷口）は、大学における研究・教育とともに、民間の政策研究機関の活動に長年携わってきました。本書は、NIRA総合研究開発機構（NIRA総研）で実施した「第四次産業革命期の民主政治に関する研究」プロジェクトで行ったヒアリングの内容を基に構成したものです。以下、書籍としてまとめるために編集上行った「事実」と「フィクション」の別を明らかにしておきたいと思います。

［事実の部分］

●「はじまり」に書かれた内容、特に本書の問題関心は——末尾の「たにぐちサン」と「シシドさん」の会話を除いて——真実です。

●各章のゲストスピーカーの話は、実際に行ったヒアリングの議事録に基づいて谷口と宍戸が構成した上で、それぞれのゲストスピーカーの方に原稿のご確認をいただいたものです。

●終章で書かれた「シシドさん」による総括も、おおむね実際の発言内容です。

［フィクションの部分］

●ヒアリングの場には、ゲストスピーカー、谷口、宍戸の三名だけではなく、金丸恭文NIRA総研理事長／フューチャー株式会社代表取締役会長兼社長グループCEO、森源二総務省自治行政局行政課長（現、地方行政・個人番号制度、地方公務員制度、選挙担当審議官）、住田智子フューチャー株式会社執行役員、神田玲子NIRA総研理事・研究調査部長、川本茉莉NIRA総研研究コーディネーター・研究員も参加していました。各氏の発言の一部は、編集の上、「たにぐちサン」または「シシドさん」の発言として掲載しています。

●第I〜III部各章の導入と小括、そして講演中の「たにぐちサン」と「シシドさん」の発言の多くは、読みやすさを考慮して後で加筆したものです。便宜上、講演後の質疑応答の一部を、講演中の関連個所に挿入した部分もあります。

実在の谷口・宍戸両名と区別するため、本書では「たにぐちサン」と「シシドさん」というアバターに登場してもらうことにしました。また、ゲストスピーカーと二人の聞き手による対話形式で紹介することにより、より身近な問題として読者に感じてもらえるように努めました。

本書の執筆に当たっては、第四次産業革命が政治に及ぼしている現象の解説だけではなく、デジタル化によって民主政治の本質がどう変わっていくのかを解説することにも注力しました。本書の冒頭で、デジタル化が私たちに突きつけている課題を「ばんえい競馬」の二つの山にたとえました。私たちが越えなければならない二つの山のうち、低いほうの山、すなわち、技術的な問題を越えたとしても、その後、技術を実装するためには、高いほうの山である新しい民主主義の原則の見直しが必要となる可能性があります。テクノロジーの発展は、人びとの意思疎通を飛躍的に高めることを通じて、政治コミュニケーション、政党、合意形成、選挙制度、国会の審議・議決のあり方を原理原則まで変えうるものです。だからこそ、第四次産業革命がもたらす社会に適合した民主政治というものに作り直すには、原理原則まで遡ってゼロベースで考えることが必要といえます。本書のように、このテーマで民主政治の原理原則の観点まで掘り下げた書物は、日本語で書かれたものでは少ないと考えています。

また、民主政治にとって、情報技術がマイナスの面ばかりをもたらすわけではないことは本書の随所に出てきているとおりです。インターネット、IoT、SNS、AI、VRなどは、人間の能力を拡張することで社会の可能性を広げていきます。すなわち、これらはリスクでもあり、チャンスでもあるのです。現実には、二〇一六年に二つの出来事が起きました。一つは、イギリスで、EU（欧州連合）離脱をめぐる国民投票が実施されたことです。投票前にはEU離脱派による誇張した宣伝が流布しました。また、同年に行われたアメリカの大統領選挙では、Facebookの広告欄を使い、ヒラリー・クリントン候補の支持率を下げるような嘘のニュースが拡散されました。いずれの場合も、客観的な事実よりも、感情や個人の信念に対する訴えかけのほうが世論の形成に大きな力を及ぼしたことから、「ポスト・トゥルース（post-truth）」と呼ばれ、民主政治への疑念が生まれました。しかし、本書では、こうしたネットによる情報伝達をリスクとして捉えるのではなく、多様なコミュニケーションの場の一つとしての見方も提示し、肯定的な捉え方も併せて示しています。

最後に、本書の出版の機会を与えてくださった中央公論新社の書籍編集局学芸編集部長の吉田大作氏、雑誌・事業局グループプロジェクト部副部長の高橋真理子氏に感謝します。また、本研究会に対して篤くご支援を賜ったＮＩＲＡ総研の牛尾治朗会長、金丸恭文氏、神田玲子氏、川本茉莉氏、澁谷壮紀研究コーディネータ・研究員に改めてお礼申し上げます。

本書が、第四次産業革命が民主政治に与える影響についての情報提供となり、デジタル・デモクラシーの議論の出発点となることを願っています。

（実在の）著者を代表して

谷口将紀

田村哲樹（たむら・てつき）
名古屋大学大学院法学研究科教授。名古屋大学博士（法学）。専門は政治学、政治理論。名古屋大学大学院法学研究科准教授などを経て、現職。著書に『熟議民主主義の困難――その乗り越え方の政治理論的考察』（ナカニシヤ出版、2017年）、『日常生活と政治――国家中心的政治像の再検討』（編著、岩波書店、2019年）など。

柳瀬昇（やなせ・のぼる）
日本大学法学部教授。慶應義塾大学博士（政策・メディア）。専門は憲法学、立法政策論。日本大学法学部准教授などを経て、現職。著書に『熟慮と討議の民主主義理論――直接民主制は代議制を乗り越えられるか』（ミネルヴァ書房、2015年）、『AI と憲法』（共著、日本経済新聞出版社、2018年）など。

森源二（もり・げんじ）
総務省大臣官房審議官。東京大学卒業、ハーバード大学ケネディ行政大学院修士課程修了。自治省へ入省後、総務省自治行政局選挙部選挙課長、行政課長などを経て、2019年より現職。

川本茉莉（かわもと・まり）
NIRA 総研研究コーディネーター・研究員。慶應義塾大学大学院修士課程、およびエコール・サントラル・リール修了。エリクソン・ジャパン株式会社を経て、2014年より現職。研究テーマは、電子議会、財政・社会保障。

略　歴

谷口将紀（たにぐち・まさき）
NIRA総研理事。東京大学大学院法学政治学研究科教授。東京大学博士（法学）。専門は政治学、現代日本政治論。スタンフォード大学客員研究員などを経て、現職。著書に『ポピュリズムの本質――「政治的疎外」を克服できるか』（共編著、中央公論新社、2018年）、『現代日本の代表制民主政治――有権者と政治家』（東京大学出版会、近刊）など。

宍戸常寿（ししど・じょうじ）
東京大学大学院法学政治学研究科教授。専門は憲法学、国法学、情報法。一橋大学大学院法学研究科准教授などを経て、現職。著書に『憲法 解釈論の応用と展開』（日本評論社、第2版、2014年）、『憲法を学問する』（共著、有斐閣、2019年）など。

＊　＊　＊

古田大輔（ふるた・だいすけ）
早稲田大学卒業。朝日新聞記者、BuzzFeed Japan創刊編集長などを経て、2019年に株式会社メディアコラボを設立、代表取締役に就任。ジャーナリスト / メディアコンサルタントとして活動している。その他の主な役職に、Online News Association Japanオーガナイザー、インターネットメディア協会理事など。共著に『フェイクと憎悪――歪むメディアと民主主義』（大月書店、2018年）など。

小口日出彦（こぐち・ひでひこ）
慶應義塾大学卒業。『日経ベンチャー（現、日経トップリーダー）』編集長などを経て、2007年、株式会社パースペクティブ・メディアを設立、代表取締役に就任、情報分析と情報表現のコンサルティングを手がける。著書に『情報参謀』（講談社現代新書、2016年）。

装幀　鈴木正道

デジタル・デモクラシーがやってくる！
AI《えーあい》が私《わたし》たちの社会《しゃかい》を変《か》えるんだったら、政治《せいじ》もそのままってわけにはいかないんじゃない？

2020年3月10日　初版発行

著　者　谷《たに》口《ぐち》将《まさ》紀《き》
　　　　宍《しし》戸《ど》常《じょう》寿《じ》

発行者　松田陽三

発行所　中央公論新社

〒100-8152　東京都千代田区大手町 1-7-1
電話　販売 03-5299-1730　編集 03-5299-1840
URL http://www.chuko.co.jp/

DTP　市川真樹子
印　刷　図書印刷
製　本　小泉製本

Published by CHUOKORON-SHINSHA, INC.
Printed in Japan　ISBN978-4-12-005277-4 C0031

中央公論新社　既刊より

ポピュリズムの本質
――「政治的疎外」を克服できるか

谷口将紀
水島治郎　編著

近年、先進民主主義諸国で反既成政党をかかげるポピュリスト勢力が存在感を増している。各国の社会背景や選挙制度もふまえつつ、その現象が意味するものを読み解き、どう対峙するべきかを考える。

単行本